"院园合一"机制下基于工作室的创新创业教育实践研究

青岛黄海学院创新创业教育模式探索和实践研究组 著

中国海洋大学出版社

·青岛·

图书在版编目（CIP）数据

"院园合一"机制下基于工作室的创新创业教育实践研究／青岛黄海学院创新创业教育模式探索和实践研究组著．－－青岛：中国海洋大学出版社，2021.4

ISBN 978-7-5670-2167-9

Ⅰ. ①院… Ⅱ. ①青… Ⅲ. ①高等学校－产学合作－人才培养－研究－中国 Ⅳ. ① G640

中国版本图书馆 CIP 数据核字（2021）第 052193 号

出版发行	中国海洋大学出版社
社　　址	青岛市香港东路 23 号　　邮政编码　266071
出 版 人	杨立敏
网　　址	http://pub.ouc.edu.cn
电子信箱	1922305382@qq.com
订购电话	0532－82032573（传真）
责任编辑	邵成军　　　　　　　　电　话　0532－85902533
印　　制	日照日报印务中心
版　　次	2021 年 4 月第 1 版
印　　次	2021 年 4 月第 1 次印刷
成品尺寸	170 mm × 240 mm
印　　张	13
字　　数	196 千
印　　数	1～1 000 册
定　　价	50.00 元

教育是一种影响,学校是一种氛围。

青岛黄海学院的创业史,其本身就是一本生动的创业教科书。看身边的学校创业者敢为人先、行色匆匆;看现代化校园崛起于山海之间,激情涌动,创意无限。黄海学子身处其中,耳濡目染,跃跃欲试。

我理解的学校文化,不是校长夸夸其谈,不是标语满墙,不是高楼林立,不是理念如花,而是沉淀于师生行动之间的习惯与气质。

我有不少黄海学院的朋友,他们除了山东人特有的那种热情以外,都有一种可爱的活力,这种活力正是学校的宝贵精神力量。

问渠哪得清如许,为有源头活水来。

什么土壤开什么花。学校为创新创业教育提供土壤,同时创新创业教育驱动学校转型发展。我们需要培育什么样的土壤?我们所需要培育的是从观念到行为、从教师到环境的综合的文化土壤:宽容的精神、民主的态度和参与的意识。

越安全,越勇敢。创设"包容、支持朝向有意义的折腾"氛围,这是实施创新创业教育的前提。

不管是应用型教育,还是创新创业教育,首先都应是教育。创新创业教育的教育价值,高于经济价值。我所理解的创新创业教育的意义,不仅在于服务经济发展,促进就业,更重要的在于"解放人,激发人的潜能",这也是教育的本意。

创新创业教育促进教育价值重建,从外在工具价值走向内在生命价值;

促进教育目的重建,从养成适应现代社会走向培养生命自觉。创业教育是以培养拥有创业精神、掌握创业理论和知识、具有创业能力和创业技巧的创业型人才为目标的教育,重在培养首创和冒险精神。我们所说的创业,不仅是创办经济实体,更包括基于岗位开创性地开展工作。

创新创业教育本质上既是一种与应用型教育使命相契合的全面的素质教育,也是应用型教育所探索的产教融合人才培养模式的有效实现路径,其实质是:创建多元主体开放式众筹新生态,推动课程供应链变革,促进学生真实学习发生。

我欣赏李家华教授关于创新创业教育的论述:高校创新创业教育不可能是企业家速成教育,不会拔苗助长,而应当是一种健康的素质教育培养体系,应更多关注人的发展和创业文化建设。选择创业不一定是选择成功,而是选择做真正的自己。

所以,创新创业教育的核心并不在于培养个别的精英,而在于培养全体学生的创新创业能力,为其长远发展提供一种开拓性的价值取向和素质。

做几场讲座,开一门课程,弄一场大赛,这不是创新创业教育,最多只是创新创业教学。创新创业教育是系统工程,需要多方参与,多元互动。

创新创业教育活动不是封闭在校园内的自我欣赏的活动,而是积极应对环境挑战的活动。创新创业教育不是对外的迎合和苛求,而是向内的审视与改进。

青岛黄海学院积极探索"学业+产业+创业"三业融合的人才培养模式,打造"院园合一"校企协同育人机制升级版,并结合自身实际,探索构建"四三二一"创新创业教育系统。学校探索"四文化"融合育人,将传统文化、红色文化、工匠文化和创新文化融为一体,为学生"乐学"、创客"乐业"提供精神动力与专业支持。学校以创业教育为支点,重塑学校、重建制度、重构课堂,撬动组织结构性变革,促使学校转型发展。

黄海创业教育团队以课程建设为抓手,加强创客空间建设,完善孵化基地制度建设,以真实任务为驱动,真学真做,促进学生多视角、多维度、多尺度、多元认知,促进学生多种思维深度学习、真实学习。

创新创业课程无法承担培育企业家的伟大使命,如同音乐课无法承担培养音乐家之重任一样。课程的本土化、校本化、个性化非常重要,学生是主体,是丰富的课程资源,学生参与是关键。课程不是解决自以为是的想象问题,而是回应真实世界的真实需求。如何在真实的环境里整合资源,解决真实的问题,在解决问题时培养学生面向未来的创新创业能力,这是我们创新创业课程设计的起点。

在做中学,在学中做。创新创业课程一定要让学生动起来,因为"生"动所以生动。青岛黄海学院重视学生的参与活动,真正放手让学生活动,把行动与思维的训练联系起来。青岛黄海学院创新创业教育注重实践,探索任务驱动式的项目化教学模式,契合区域特色的专业设置,实施以赛促创,可视化地展开场景式实践活动,让学生在行动中获取知识,体验成功喜悦,让创新创业能力在实践中不断提高。

创新创业教育是一个基于实践的过程。会议室里开不出创新之花,黑板上办不了创业园。行动是思维的基础,"手巧才能心灵",动手操作与思维的活泼、敏捷是密切相关的。切断行动与思维的联系,思维就难以发展,创造性思维就更无从说起。创新创业教育的意义恰恰在于行动之间。

青岛黄海学院作为一所创新创业型高校,创新创业教育的成果绝不止于此,其更加丰硕的成果是,从这里走出去的黄海学子依然保持热情,怀揣好奇,好学好动。

是为序。

张振笋

2020 年 11 月 28 日

(张振笋,教育部学校规划建设发展中心课程中心秘书长,中国民办创新创业教育联盟副理事长。)

《"院园合一"机制下基于工作室的创新创业教育实践研究》

院园合一

师生同创工作室
学生自创工作室
企生共创工作室

"院园合一"机制下创新创业教育模式探索
基于创客工作室载体的实践研究
基于创客工作室载体的创新创业教育实践研究

目 录

Contents ● ● ●

下篇　以创客工作室为载体的创新创业教育典型案例

上 篇

"院园合一"机制下的
创新创业教育模式探索

第1章

应用型创新创业人才培养的核心战略 >>>

《教育部关于加快建设高水平本科教育全面提高人才培养能力的意见》将"把深化高校创新创业教育改革作为推进高等教育综合改革的突破口"这一集聚引领效用的文件精神传遍了神州大地，提出要"搭建学生科学实践和创新创业平台，推动高质量师生共创，增强学生创新精神和科研能力"。(刘春成，2019)这无疑为高校应用型人才的培养提供了新的探索思路和尝试路径，也更加激发了人们在战略上广泛开展有关创新创业教育实践及其人才培养成效研究的兴趣。

青岛黄海学院近年来通过实施"学业＋产业＋创业"的人才培养战略，构建了"三全三制"的创新创业工作保障机制和"五位一体"的创新创业服务体系，围绕着建设具有创新创业竞争力的民办大学宏伟目标，全方位地开展创新创业教育及其实践活动。

1.1 "学业＋产业＋创业"的人才培养战略

"前瞻性和系统性是战略的两大核心特征。"(姚建明，2019)核心战略为助推行动方案的综合功效发挥集聚了接续力量，并作为给予视界开阔和创新发展无限光热的"综合体"，在宏观层面上指引着创新者不断前行的方向。无数创新创业教育的事实已经证明，这一实践动能生发的力量"源泉"，不可缺失基于自身实际规划并着力营建的植根于教育生态体系且有利于绘制长效发展蓝图的实践场域。其间，除了创新意识增强、创业精神磨砺和创客实践落地之外，"知行合一"的理念、"理实一体"的实践和"场景浸润"的综合功效，更成为极具前瞻眼光的系统构建过程中必不可少的关键元素。

创建于 1996 年的青岛黄海学院,2017 年通过了本科教学评估。学校 25 年的发展史,熔铸着自强不息、内涵蓄存、产教融合和校企合作的生命基因,浸透着立足青岛、服务地方和在校企合作、科创融教、专创融合中不断发展壮大的历史积淀,从而逐步走上了"学业+产业+创业"三业融合的应用型人才培养之路。学校领导高瞻远瞩,通过实施这一战略,着力构建并深入推进"院园合一"校企协同育人机制,并以创客工作室为实践载体,积极探索创新创业教育的有效模式,逐步构建成熟型的创新创业教育生态系统,努力将学校建设成为具有创新创业竞争力的民办大学。学校于 2018 年荣登中国民办大学创业竞争力 300 强榜首,并于 2020 年问鼎全国高水平民办大学排行榜榜首。

1.2 "三全三制"的创新创业工作保障机制

完善且健全的工作机制是有效开展创新创业教育及其实践工作的前提条件,为深入推进"院园合一"校企协同育人机制,进一步构建"双创"教育指导服务体系和科学型、生态型的长效发展机制,提供了有力的条件保障。

1.2.1 "全员、全覆盖、全方位"推进创新创业工作

学校为在全校范围内有效开展创新创业工作,拓宽了全员参与、全覆盖施行和全方位跟进的工作思路,也使得谋求高实效、获得新发展的构建模式得以进一步推行。

1.2.1.1 搭建全员参与的组织领导体系

全员参与创新创业教育工作,为实现协同推进"双创"实践落地创造了条件。学校通过成立由校长任组长、分管副校长任副组长的工作小组,并设立创新创业专岗人员,按照一定比例配备创新创业工作推进专员,实现了专岗设置、专人负责和专项管理。学校定期召开创新创业专题会议,全面开展"双创"教育实践研究并有效部署相关工作。

1.2.1.2 构建了全覆盖的教育教学体系

学校将创新创业工作纳入"十三五"规划和年度重点工作日程,并锁定"十四五"规划中的新目标,确立了提升创新创业型大学核心竞争力、高质量

培养应用型创新创业人才的战略性定位。学校全面提升办学内涵,坚持以质量求发展,制定了《青岛黄海学院创新创业教育工作实施方案》,将创新创业纳入教学计划,将教育教学及学生工作融入人才培养全过程,面向全体学生开展创新创业教育,实现了"双创"教育全覆盖。

1.2.1.3 完善了全方位的"双创"服务体系

学校举全校之力积极推动创新创业工作,通过整合校政行企多方资源,不断优化服务体系。学校先后成立大学生创业指导委员会、协同创新专家咨询委员会,为创新创业工作的顺利开展提供有力的保障;创新创业教育学院通过建立创新创业导师库,为学生进行创新创业实践活动提供全方位的服务;学校还成立了大学生创业者协会,广泛而有效地协调创新创业政策宣讲和大赛组织、项目路演等落地工作,发挥了良好的辅助作用。

1.2.2 "联动协调、院园合一、专项资助"的工作机制

创新创业是牵动教育实践全局的实践工作,需要基于自身实际高效率地做好协调,并辅以必要的资金支持,通过完善的保障机制助力创新创业教育和相关实践活动的顺利开展。

1.2.2.1 创新创业工作联动协调机制

学校实施创新创业工作一把手负责制和主体责任制,相关工作由学校一把手、二级学院和职能部门一把手、班级一把手分级负责,形成了学校整体规划、职能部门协调配合、学院落实主体责任、班级落地创业项目的教育工作格局。通过整合各方资源,学校建立了就业、创业、教学、学生、团委、科研等多部门齐抓共管的工作联动协调机制。为压实工作任务,学校落实了二级学院工作主体责任和创新创业教育学院服务主体责任,实现了各司其职和齐心协力。2017 年 6 月,学校成立了创新创业教育学院,由分管副校长兼任院长,统筹全校创新创业教育、孵化基地建设、创业导师培养、创业政策扶持和创业指导服务等工作,并配有 20 余名专职人员负责全校范围的创新创业协调管理工作。

1.2.2.2 "院园合一"校企协同育人机制

"院园合一",是基于"三螺旋理论"构建的校企协同育人机制。学校与

5

国际商学院合一,建成了 10 000 余平方米的数字经济创新创业园;与智能制造学院合一,建成了 16 775 平方米的大学科技产业园及华东产教园区;与影视艺术学院合一,建成了 500 平方米的影视产业孵化城。为了实现深度融合,学校又基于大学生创业孵化基地的远景规划,协同相关部门系统地推进全校的创新创业教育工作。目前,在充分发挥创新创业教育学院综合服务功能的基础之上,学校创新创业实践园区基础设施完备,完全具备"六通"即开即入的条件,也实现了二级学院与数字经济创新创业园、大学科技产业园和影视产业孵化城的统一建制,有效推进了办学发展体制创新、育人实践平台创新和校企合作育人创新等,构建了院园一体化发展的新机制,逐步形成了贯穿"一链"、辐射"两端"的发展格局,不仅将儒商学堂、企业工坊、创客空间的育人链条贯穿其中,辐射到全校的专业建设和外部产业发展的两端,更构建了基于创新、创业、创客的实训式人才培养模式和理实一体的实践教学模式,从而突显了校政行企四方联动推进创新创业实践教育的特色化办学模式。

学校与青岛市跨境电商协会、山东网商教育科技集团有限公司共建学院,并将"院园合一"协同育人机制推向深入。学校又与山东网商教育科技集团有限公司、北京蓝鸥科技集团共建电子商务、国际经济与贸易、移动应用开发等专业。校企还共建了"阿里特色班""工业机器人特色班""大数据技术特色班""跨境电商班"等,实现了校企共同开发特色教材、共建校外实训基地和校内专业实验室,以多元化的校企合作育人模式,在人才培养、创业孵化、产业经营、社会服务等领域建立了产业为体、文化为魂、育人为本的产学研创用联合体。

在"院园合一"校企协同育人机制下,企业有效参与学校的专业人才培养方案制定、课程设计、课程开发、教学组织、课堂教学、学生评价、就业创业等各个环节。企业文化、业务管理、信息系统也融入了课程教学之中,为学生实践、实习、实验提供了真实的项目。专业教师在入驻企业真实的生产经营环境中提升了"双创"指导能力。学校为引进企业并助力自办企业匹配专业学生,指派企业教师在课余时间和课岗融替的课程中理实一体地开展课堂教学活动。这种"教、学、做"合一,强化了实操知识学习、实战技能培训、动手能力训练和行业视野的学习。双方通过项目引导、任务驱动、学训交替、课岗融合、场景教学,畅通了"工"与"学"的途径,实现了"学""工"零距离、校企文化融合、育人用人目标对接等,建立了以职业岗位要求为课程目标、以职业标准要求为课程内容、以学生职业能力培养为课程核心的课程体系。生产一线的能工巧匠和企业管理的中坚力量参与专业教学的过程,实现了专兼结合和"双师"施教。学校通过实施创新创业学分与课程学分替换制度,也极大地调动了学生参与创新创业实践活动的积极性。青岛黄海学院创新创业工作组织运行架构如图 1-1 所示。

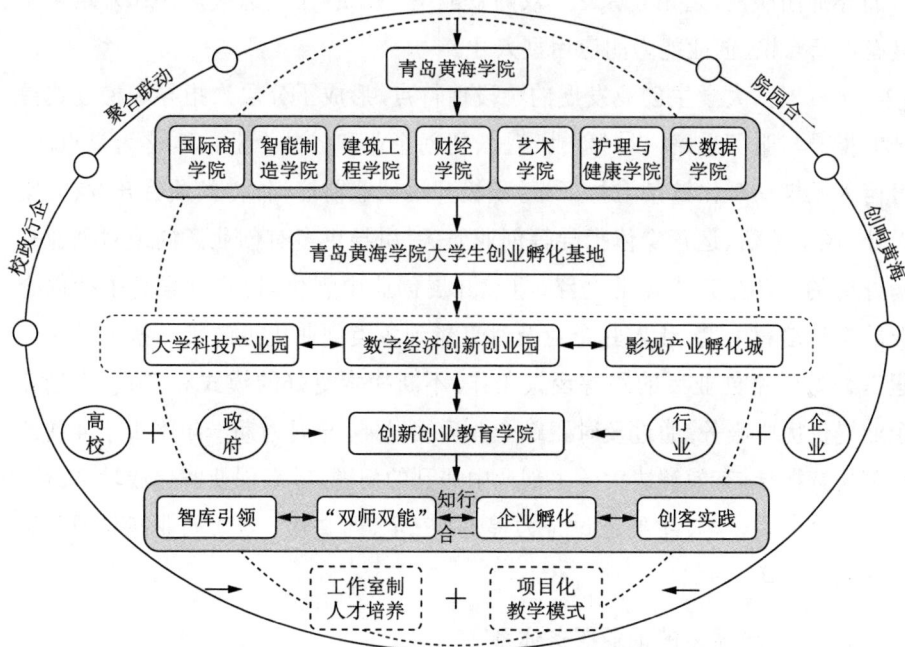

图 1-1　青岛黄海学院创新创业工作组织运行架构

1.2.2.3　创新创业专项资金资助机制

学校设立了创新创业工作专项经费,纳入年度预算,并印发《青岛黄海学院关于大学生创业资金扶持政策的通知》,主要用于扶持大学生创业孵化基地项目建设及运营,还通过制定《青岛黄海学院孵化资金使用管理办法》和设立思学助创基金,为大学生参赛历练提供专项资金支持。目前,学校已有百余项国家大学生创新创业训练计划获得了立项。

1.3 五位一体的创新创业服务体系构建

青岛黄海学院结合自身实际,不断健全创业苗圃、创业培训、创业孵化、创业加速、创业跟踪五位一体的创新创业指导服务体系,基于"院园合一"校企协同育人机制,实现了创新创业教育全覆盖,并通过打造大学生"双创"教育实践平台、聚合区域科技资源且服务于地方经济社会发展的"智慧基地"以及师生同创、企生共创和学生自创的创客工作室等形式,"配齐配强专兼职结合的导师团队,打造出百余名'双师双能型'师资"(刘志敏,2020),培育了具有创新意识、创业能力的应用型人才。

学校根据大学生创业发展的阶段性特点,形成了分层次指导和梯度式提升的指导与服务思路:以对创业苗圃、初创企业和成熟企业的孵化为重点,从育苗入手推动孵化链条上拉下延;积极开展创业前培训,提供项目开发、方案设计、风险评估、运营实体指导等创业服务,引导更多有创业意向或对创业充满好奇的大学生走上创业之路;重点开展创业中孵化,切实增强对于初创企业的支持培育力度,让入驻企业及时享受到各类创业优惠政策;"扶上马送一程",做好学生创业后的跟踪反馈工作,不断探索更好的模式和方式,为创业企业提供优质服务;通过及时跟踪企业后续发展,开展为期一年不少于4次的跟踪扶持指导,有效解决大学生创业中遇到的问题,提高创业孵化成功率。

具体而言,学校主要通过全力提供"三全、四文化"创新创业指导服务进行体系的构建。

1.3.1 全要素的创业服务体系

学校通过构建资源、平台、载体、项目、训练、政策等全要素创业服务体系,不断丰富创业案例、导师团队、空间场所等创业资源,积极打造工作室、创客空间、孵化器、创客实验室、产业园等创新创业实践平台,有效拓展学科与创业竞赛、开放性与综合性实验项目、创业训练营、创业沙龙等创业载体,针对意向型学生定期开展项目宣讲、路演和优秀评选等实践活动,进行了学习、实战、测评一体化的模拟训练,也完善了金融、管理、审计、法律等政策服务链。

1.3.2　全生命周期的创新创业指导服务

学校以大学生创业孵化基地为依托,立足于学生创业的各个阶段,有针对性地对其实践活动提供创业苗圃-孵化-成长-壮大的全生命周期一站式服务,做好创业前培育、创业中孵化,坚持接力推送,通过及时跟踪企业后续发展,提高学生的创业成功率。学校建立创新创业循环过程模式,在创意产生、计划、执行、检查和调整五个阶段融入开源思想,全程可接受评议,持续改进,助力实训和项目完成。

1.3.3　全媒体的创新创业服务网络

学校建立了创新创业服务网络并及时加以更新,通过微博、微信公众号、抖音和官网等有效媒介进行创新创业文化宣传和相关成效报道,使大学生创业孵化基地成为创新之园、创客之家和创业之地。

1.3.4　"四文化"融合的创新创业氛围

学校坚持对学生进行中华优秀传统文化教育,将雷锋精神融入思想政治教育和学生创业教育的全过程,将素养教育与"双创"实践相结合,以培养时代工匠,实现传统文化、红色文化、工匠文化与创新创业文化的有机融合。

"学业＋产业＋创业"的人才培养战略,是时代发展和融合思维催生的胜利果实,也是基于"院园合一"协同育人机制校企紧密合作和产教深度融合熔炼出的智慧成果。尤其是在定位于应用型之后,学校创新发展的过程更是不断积淀深厚文化内涵、提升育人质量的过程,不仅构建了"三全三制"的创新创业工作保障机制和五位一体的创新创业服务体系,为自身新的创新创业教育工作开展确立了航标指向,也在实践层面上为探索更见实效的应用型创新创业人才培养模式提供了一定思路和借鉴经验。

第2章
"院园合一"机制下的创新创业教育 >>>>

应用型创新创业人才的培养,不可脱离跨界融合、产教融合和校企协同等实践育人的思维模式。秉持"知行合一"校训的"院园合一"校企协同育人机制,不仅强化了管理机制、优化了资源配置,也增强了师资匹配、创新了实践育人模式。在信息化时代,它更是被赋予了新意解读和实践价值。现结合青岛黄海学院近年来在"双创"实践工作方面所取得的成效,对此机制下的创新创业教育进行宏观层面的解读,旨在通过特色化的实效探索,为内涵型、创新型和生态型的"双创"教育及其实践补给核心蓄养、提供实践动能。

2.1 "院园合一"校企协同培育应用型"双创"人才

"院园合一"校企协同育人机制的构建,源自对"知行合一"的人才培养本真的探寻。其目的是要将校政行企四方力量聚合,将协同育人实效延展,也将"学业+产业+创业"的实训式人才培养融入产教融合、校企合作的实践场域,在校企合作上化解了双主体矛盾,在人才培养上实现了精准化和多实效,在资源配置上做到了最优化和高延展,最终将落脚点放置于人才培养质量的全面提高上。

"院园合一"校企协同育人机制通过打造模块化课程体系,确立了校企协同育人实践过程中的基本要素,基于工作室实践载体下的项目化教学模式,将环境职业化、教学情景化、内容项目化、导师"双师"化,解决了应用型创新创业人才培养中的瓶颈问题,更把创新创业人才核心竞争力的提升纳入了施行的全过程。

2.2 "一二三四"应用型创新创业人才培养体系

践行"知行合一"理念,以学生发展为中心,完善"一二三四"应用型创新创业人才培养体系,是基于"院园合一"校企协同育人机制培养应用型、创新型人才的行动纲领。此方案围绕着应用型创新创业人才的培养目标,坚持德育为先、能力为重,建设理论教学、实践教学、创新创业教育三大体系,形成了"四文化"融合育人特色,将雷锋精神的思想价值、优良传统文化的自信、德高艺精的工匠精神融入创新创业教育全过程,也融入各专业理论教学、实践教学和第二课堂等人才培养的全过程,以实现专创深度融合,提高人才培养质量。

2.3 "四三二一"创新创业教育系统

基于"院园合一"校企协同育人机制的"四三二一"创新创业教育系统,是一个涵纳了跨界融合理念、平台通联作用、内涵滋养实效和生态接续架构的综合性、一体化实践育人体系,它将焦点集中于应用型创新创业人才的培养上。

具体而言,"四三二一"创新创业教育系统指的是坚持校政行企四方联动,深度构建科技创新、文化创意、网上创业的三大创客平台,深化创新创业实践和成果孵化两位一体的教学体系,做好相关实践工作,并稳固一条龙式创业孵化链条,以此来点燃创客们开展"大众创业、万众创新"实践活动的激情,营造出浓郁的创新创业氛围,最终为其打造卓显实效的实践乐园。此系统坚持与时俱进,不断将"四三二一"创新创业实践体系推向纵深。"四三二一"创新创业教育系统见图2-1。

2.3.1 四方联动

学校基于大学生创业孵化基地的实践效用发挥,着力于校政行企四方联动,以专业链对接青岛产业链、创新链,以专业对接行业协会,进而重点搭建校企合作育人平台,校企共建学院、产业园、专业、特色班,并建立校外实践教育基地和多功能创新创业实验室。

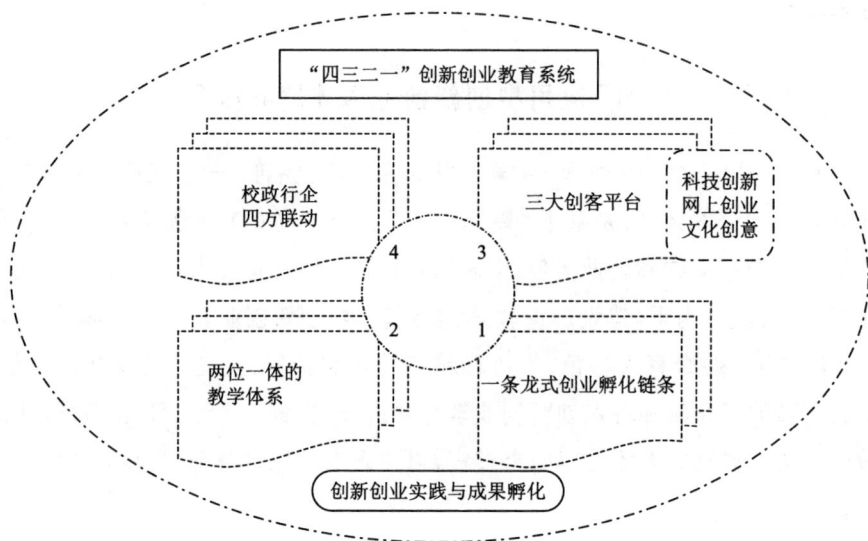

图 2-1　青岛黄海学院"四三二一"创新创业教育系统

2.3.2　三大创客实践平台

此处指的是通过学校主办、政府主导、行业指导和企业参与,构建科技创新、文化创意、网上创业的三大创客平台:依托青岛市高技能人才培养示范基地－学校工程训练中心、华东产教园区和山东省科技创新平台－工业机器人研发中心,建设大学科技产业园;适应"影视之都"发展趋势,依托灵山湾影视文化产业区建设影视产业孵化城;将青岛西海岸大学生网上创业园升级为数字经济创新创业园,推进资源型数字经济和技术型数字经济产业的创业孵化。目前学校已被认定为"山东省跨境电商实训基地""山东省大学生创业孵化示范基地""山东省创新创业典型经验示范高校"和"全国跨境电商专业人才培养示范校"。

2.3.3　两位一体的教学体系

创新创业教育实践和成果孵化两位一体的教学体系包括以下内容:面向全体学生,在专业课程中融入创新创业内容,使专创教育有机融合;面向有意愿学生开展教育实践,让专创实践有效衔接;提高实践教学中的创新性和项目化比例,通过学科竞赛、科技创新、"双创"大赛、创业项目等,组织学生参加"国创计划""互联网＋"大学生创新创业大赛、"创青春"大赛等。通过创业者协会开展创新创业讲座,邀请企业家作分享报告,鼓励学生参加"海鸥行动"集训,培养创造能力。目前,学校坚持赛教一体和以赛促教、以赛促学、以赛促创,已形成以专创融合为抓手的成果导向型实践教学体系。

2.3.4 一条龙式创业孵化链条

创意型学生首先进入创客工作室,由"双聘双岗"导师对其进行培训。在对接企业项目后,这批学生会进入创客空间,通过创业苗圃的培育使其创意落地变为现实。当发展到一定阶段,一部分学生会选择进入专业孵化器、加速器,再到产业园,最终形成工作室－创客空间－创业苗圃－孵化器－加速器－产业园区孵化链条。这不仅完善了物理空间链,点燃了"大众创业、万众创新"的理念,更营造出了创客实践的氛围,让创意得以落地,实现有效转化。

2.4 "四文化"融合育人特色的发扬

学校通过发扬"四文化"融合育人特色,构建全素养提升的人才培育体系。学校秉持"知行合一"校训,将内涵提升融入全素养应用型人才培育体系的构建过程之中,充分"发扬以优秀传统文化育人、以红色文化育人、以工匠文化实践育人和以创新文化协同育人的'四文化'融合育人特色"。(刘志敏,2020)这是形成"四三二一"创新创业教育系统与完善的产教融合生态系统,并为服务地方经济和社会发展培育具有文化内涵和实践精神的高素质人才最具底气的支撑力量。现以青岛黄海学院为例,对此一特色进行细致解读。

2.4.1 深入开展国学教育,以优秀传统文化育人

学校注重发挥中华优秀传统文化的熏陶功效,不断提升学生的文化素养。学校成立了国学院,着力打造中华优秀传统文化育人平台,坚持以国学文化内涵提升实践教育品质,不仅立孔子像、建六艺坛、铺群贤道,更基于全素养人才培育开设传统文化系列课程,打造研修班、礼仪班、道德讲堂、孔子学堂及儒商学堂等实践特色,将国学文化融入社团建设,建立了公益性传统文化实践育人基地和德育乐园。学校组织学生参加了山东省大学生中华传统茶艺表演大赛、山东省首届大学生论语大会、青岛市大学生国学经典吟诵大赛等活动,成绩优

异。近年来,学校荣获了中华诗词培训基地、齐鲁诗教先进单位、最具人气孔子学堂和青年之声国学教育示范基地等荣誉。未来,学校将把"中华优秀传统文化"课程融入人才培养方案,打造遥远的诗意(国学经典诵读)、指尖的传承(传统手工体验)、灵动的笔墨(中华书画展览)和文明的神韵(国粹京剧专修)等四个国学教育品牌,实现国学教育与校园文化相结合、与社区实践相结合、与校园基础设施建设相结合,以专业技能让优秀传统文化更加鲜活。

2.4.2 坚持雷锋精神教育,以红色文化育人

学校坚持以雷锋精神兴校育人,注重打造以学雷锋教育基地、学雷锋活动常态化为重点的红色文化育人平台,形成了雷锋纪念馆、雷锋塑像和雷锋讲坛三位一体的学雷锋教育基地,并聚力于特色思政,建设山东省示范思想政治理论课教学部。通过学雷锋、做雷锋和树典型的渗透式育人模式,学校实现了雷锋精神教育的品牌化塑造,成为青岛市雷锋学校、全国学雷锋基地先进单位,荣获教育部思政司全国首届民办高校党建和思政工作优秀成果一等奖,并获得山东教育新闻奖;学校红十字志愿者协会和青年志愿者协会分别被评为"全国大中专学生最具影响力爱心社团""青岛市青年志愿服务先进集体"。学校将继续开展校园雷锋"十百千"创建工程落地工作,着力建设雷锋精神研究所、思想政治教育 VR 实践体验中心等,打造思想政治教育特色品牌及其子系列,并建成红色文化在线开放课程,上线省级课程联盟等。

2.4.3 注重职业素质教育,以工匠文化实践育人

学校秉持"知行合一"校训,倡导学以致用,积极打造由工程训练中心、工业机器人技术研发中心、大数据实验中心(与华为集团合作共建)、科技创新工作室等构成的"大国工匠实践育人平台",培养出了一大批德艺双馨、技术精湛的时代工匠。近年来,学校建成了3.4万平方米的工程训练中心,获批为青岛首批高技能人才培养示范基地并成为全国职业教育的观摩现场。学校通过将工程训练和考取职业技能证书要求纳入人才培养方案和深度熔炼"课内实验+集中实践+创新创业"的实践教学体系,着力实施"卓越人才"孵化的"育苗计划"并实施"双师双能型"工匠培育工程,培养出了10余名青岛市工业和信息化局专家库专家以及近20名各层级和类别的实践工匠。未来,

学校将深入推进双导师制,以兴建机器人创新工作室为载体,形成辐射带动效用,基于现代学徒制在更广阔的领域熔炼工匠精神,并将"学习工匠精神、争做技术能手"的思想贯穿于学生学习的全过程,不断锤炼其精、细、实的工匠品质。

2.4.4 加强创新创业教育,以创新文化协同育人

学校坚持以"四文化"融合铸魂,以"院园合一"校企协同育人机制塑体,以生态型孵化实效强实,通过实施"学业 + 产业 + 创业"三业融合的人才培养战略,建设极具创新创业竞争力的民办大学,构建并完善了"四三二一"创新创业教育系统,即通过校政行企四方联动,搭建以数字经济创新创业园、大学科技产业园和影视产业孵化城为功能园区的科技创新、文化创意、网上创业三大创客平台,构建创新创业教育实践和成果孵化两位一体的教学体系以及一条龙式创业孵化链条。目前,学校已培育出 16 名省级"双创"教育导师库专家。未来,学校将深化专创融合力度,以现代产业学院为载体,以产教融合为路径,以应用型人才培养为目标,营造创新文化滋养浸润的场景、空间,通过建设一批流媒体电商孵化基地(电商直播间),提升项目化教学模式的构建水平,并将科学、完备的项目引入和评价机制贯穿于创新创业教育学院和基地建设的全过程,提高创新型人才培养质量和创新成果转化率。

2.5 "学生能乐业、学校有口碑、创业有未来"的成效

学校注重"强内核",始终如一地践行"知行合一"校训;同时,也获得了"高认同",发挥出较好的示范引领作用。在学校各级领导的指导与相关部门的大力支持下,创新创业教育学院充分发挥了自身的综合服务功能,有效地统筹了全校的创新创业基础课程讲授和相关实践大赛的开展等实践工作。多年来,青岛黄海学院坚持"使无业者有业、有业者乐业",持续推进创新创业工作,取得了"学生能乐业、学校有口碑、创业有未来"的良好成效,品牌声誉得到了不断提升。

2.5.1 卓越的工作成效

学校不仅培育出获得室内设计行业"奥斯卡"奖的高金梁,全国操作技

术能手、齐鲁首席技师苗立岐,"中国大学生自强之星"张保才,"山东省大学生自强之星"隋环斌等优秀学生,也涌现出邓洋洋、韩青峰、孟琳琳、李元吉、常鸿飞、甘圣民、程文明、李彩云等一大批创业带动就业的典型。其中,宋培璞获第二届中国"互联网+"大学生创新创业大赛银奖,毕业后创建青岛东方惠诚电子有限公司,自主研发了数十种产品,带动十几位学弟学妹就业。

近年来,学校获评为国家级众创空间、全国大学生 KAB 创业教育基地、全国跨境电商专业人才培养示范校、山东省级大学生创业孵化示范基地、山东省创新创业典型经验示范高校、共青团山东省委青年就业创业见习基地、山东省级跨境电商实训基地、山东省服务外包人才培训机构、首届山东省中华职教社创新创业学院等,成为阿里巴巴"百城千校、百万英才"电商人才培育基地、青年之声国学教育示范基地,并荣获了"全国民办高校创新创业教育文化建设奖",成为全国民办高校创新创业教育示范学校。

2.5.2 广泛的社会反响

学校丰硕的教育成果获得了广泛的社会赞誉。教育部、团中央、全国学联、省市区政府以及兄弟单位领导、社会各界专家,都先后莅临学校参观、考察或指导工作。学校"院园合一"育人机制下基于创新、创业、创客的实训式人才培养模式,得到了教育部职业教育与成人教育司、山东省教育厅及青岛市领导的肯定。2020 年,青岛黄海学院基于"院园合一"校企协同育人机制的创新创业案例入选了教育部首批全国产教融合实训基地优秀案例集,成为青岛市唯一一所入选的高校,并在第七届产教融合发展战略国际论坛上,以突显创新创业教育综合实效的应用型高校转型案例,获得了中国职业技术教育学会会长、教育部原副部长鲁昕的引用和点赞。

中央电视台、人民网、新浪网、新华网、《中国教育报》《中国日报》《青岛早报》等媒体报道了学校大学生创新创业事迹和"青岛黄海学院搭建孵化平台助力学生创业"的实践活动。新浪网报道了程文明"无人机"航拍事迹。《青岛日报》报道了学校"90 后小伙砚台上雕出'幸福时光'10 万年薪抢聘制砚达人"的创业典型。2015 年 12 月,教育部职业教育管理能力提升现场观摩会在青岛黄海学院就业创业孵化基地召开。2016 年,学校在"新浪山东 2016 教育盛典"评选活动中,荣获"山东最具办学特色本科院校"称号;7 月,董事长刘常青在 20 国集团民间社会会议上作了题为《在创新驱动中实现发展,在创业教育中做出贡献》的主旨发言,介绍学校贫困大学生创业成功的案例;8 月,青岛黄海学院搭建孵化平台助力学生创业的事迹在青岛电视台《同心青岛》栏目播出。2017 年,黄岛电视台播出了学校就业创业孵化基地《借力电商资源 校企协同育人》的新闻。学校入选 2018 年度山东高校最佳社会声誉榜,名列京领新国际•创业时代网根据创业教育、创业活动、创业潜力和创业人才综合指标权重公布的"中国民办大学创业竞争力 300 强"榜单榜首。2019 年,学校产教融合实训基地典型案例在第六届产教融合发展战略国际论坛上展出。2020 年,学校获得了全国产教融合创新创业大赛组委会的授权,成为第一届全国产教融合创新创业大赛省赛承办单位。

　　实践证明,"院园合一"校企协同育人机制为构建"一二三四"应用型创新创业人才培养体系提供了保障。发扬"四文化"融合育人特色,深度打造"四三二一"创新创业教育系统,则为创新创业教育及其实践积淀了内涵滋养。在新的时代背景下,产教深度融合、校企紧密合作的呼声越发高涨,更促使创新创业教育不断地走向融合发展之路。

第 3 章

立足实际走融合发展的创新创业教育之路 >>>

青岛黄海学院创新创业教研室成立于 2015 年,隶属于创新创业教育学院,主要基于创新创业教育与服务中心的职能,致力于创新创业教育实践模式的探索,专注于创新创业课程自身改革问题,并着力于创新创业课程建设,尤其是学校创业基础课程的改革。连续几年来,教研室每次讲授创业课程时都在教学内容和教学方法上做出适当改进,但总是未尽如人意,尤其是创新创业教育难以突显自身特色。本章内容立足于现在,总结了过去的经验和教训并对未来作了展望,以期理出一条融合发展的新型创新创业教育之路。

3.1 创新创业教育的不足

创新创业教研室肩负着全校创新创业教育的重任,几年来,主要面向全校本科生开设了三门创新创业课程,实现了创新创业教育全覆盖。但创新创业教育也存在着一些问题,主要表现为融合深度、力度和宽度不够。

第一,产教融合的深度不够。以往的创业教育,侧重于理论知识的过多传授,重点在课堂上和校内。单纯基础理论层面的教育无法实现与生产实践的深入结合,也没有和学生的一些创业大赛相结合。这种现象致使创新创业教育没有很好地服务于学生参加各类创新创业大赛的实际需要,产教融合只是停留于肤浅层面。

第二,专创融合的力度不够。过去几年的创新创业教育,主要集中体现在创新创业教育课程本身,是为教创新创业教育而进行的创新创业教育,属于脱离专业谈创新创业,从而使创新创业教育失去了根基和依托,成了无源之水、无本之木。问题的症结,在于专创融合的脱节。

第三,项目融合的宽度不够。师资水平对创新创业教育质量的提高起着不可忽视的作用。在创新创业教育刚起步时,创新创业师资多是来自学生辅导员、企业管理课教师或是思政课教师。在这种情况下,这些教师几乎没有带创新创业项目的经历,缺乏创新创业经验,从而窄化了教师所讲内容与实际项目融合的宽度,造成了创新创业课教师的施教和真实项目之间的融合缺乏真实感。

3.2　创新创业教育的几点举措

创新创业教研室目前正在做的有以下几方面的工作。

第一,教研室认真设计、制作了三门专创融合的创新创业课程。这三门课程分别是"大学生职业生涯规划""创业基础"和"就业指导"。过去这三门课程也一直在改革,但从专创融合的角度进行改革还是第一次。下面主要以"就业指导"为例来阐述。"就业指导"课程从全国范围内的高校来讲都是定位为一种通识教育课,是面向所有毕业生开设的,很少或者几乎没有结合专业来进行就业指导的情况,在具体的教学实践中也不容易结合专业来讲,因为一个教师不可能懂得那么多专业的情况。但这次改革,课程团队硬是把"就业指导"这样一门通识课做成了专创融合课程。青岛黄海学院在教育部和国家政策的积极引导下,秉持"知行合一"校训,立足本校实际,发挥区域优势却又突显自身办学特色,积极探索了"专就融合"的"六二四"即"六模块、二层次、四阶段"的就业指导体系探索模式。在进行就业指导课程的教学中,青岛黄海学院充分发挥民办高校的自主创新与机制灵活优势,积极探索教学新模式,进行了"专就融合"的教育教学改革实践,创造性地探索了"六二四"就业指导体系,使产学研用融合,让学业、专业、就业、创业贯通,从而在学校体制、机制层面有效解决了就业指导的表面化、指导的粗线条的问题。为了使就业指导更专业化、更精细化、更个性化,打造专创融合,教研室教师推出了"精准求职,点'石'成'金'"在线开放课程,将每一章分成通识模块和学科模块。通识模块解决学生们普遍存在的通用性问题,学科模块将学科按类别分为四大系列:(1)工科系列,主要包括机电类、信息类、车船类、建工类;(2)

商贸系列,主要有商贸类、财经类;(3)艺术系列,主要是影视类、设计类、动漫类、数媒类;(4)学前教育系列,主要为早教类、幼教类。学科模块是按照第一层次的在线课程的思路,从学科专业的角度深度剖析,解决大学生们在求职路上从学科专业角度应该着手准备的方面以及会遇到的问题,从而做到点"石"成"金",深度挖掘每一位学生的优势,实现"让每一位学生都成为精英"的目的。

第二,大学生创新创业教研室有效组织、打造了10门专创融合创新创业课程。学校根据《国务院办公厅关于深化高等学校创新创业教育改革的实施意见》和山东省教育改革相关文件精神,为完善学校创新创业教育实践和成果孵化两位一体的教学体系,协同推进创新创业教育改革工作的深度开展,理实一体地做好基于"专创融合、产教融合"的课程建设和线上线下资源应用与共享工作。基于此,教研室根据学校"院园合一"校企协同育人机制下"四三二一"创新创业教育系统的建设规划,认真研读其2020年6月发出的建设10门专创融合在线开放课程的通知精神。经过各学院推荐申报、材料初审、专家评审等环节,教研室在2020年7月从30门申报课程中选定了10门立项建设项目,要求在2020年9月30日前完成线下课程的录制工作。这些课程的建设为学校迎接山东省一流本科课程的评选打下了一定的基础。

第三,教研室积极参与、落实了学校电商直播基地的规划建设。为顺应时代要求,创新人才培养模式,为学生创造更有利的实践平台,教研室教师全程参与直播基地建设工作,从直播间位置的选择、直播间装修风格的确定、直播学生的培训、直播主题的选取到主播的出镜等一系列过程都进行认真设计,目前直播间装修工作和主播的培养工作都在紧张有序地进行。直播基地,对于学校影视专业的学生、电子商务专业的学生以及其他有志于做"网红"的学生而言,都是一个很好的实践平台,同时,其建设是学校紧扣时代脉搏进行应用型人才培养的一个生动案例,也是创新创业教育融合发展的一个生动实践。

3.3 创新创业教育的未来之路

创新创业教育未来发展的关键在于课程体系建设,以有效方法使融合发展落地,主要体现在以下两个方面。

3.3.1　课程体系建设方面

教务部门应根据校企协同培育应用型人才要求,全面修订人才培养方案,在校企深度合作的基础上构建"依托学科、面向应用"的应用型本科创新创业课程体系,加强创新创业课与专业课的衔接,重构"专业 + 创新创业"的课程体系。学校在创新创业课程模块中设置了由创业类基础课程、具有青岛区域特色的创业类课程、结合所在专业开发的专业创业类课程三类课程组成的创业教育模块,要求所有学生在校期间必须修满 6 个学分。目前,学校开设的创业教育模块课程有必选"大学生职业生涯规划""大学生就业指导""创业基础" 3 门,共 4 个学分。此外,学校还规定,学生只要符合以下 6 种情况中的任意一项,即可获得 2 个学分:参加省级及以上学科技能竞赛、科技创新活动,获得三等奖及以上;参加教师科研项目并完成规定的任务;在校期间发表论文,获得专利等成果;自我设计或选择相关实验室开设的开放实验项目,完成验收;参加企业实际项目,根据项目要求完成分配任务,客户验收通过;选修学校设置的创新创业课程(第 3 ~ 7 学期开课)中与专业相关的任意一门并合格。

教师应推进翻转课堂教学改革,构建生动学堂,落实学生课堂主体地位,提高课堂教学效果。教师应把静态的课程落实到动态的课堂上,把教室里的"教师教的课堂"变为"生动学堂",把课桌变为移动组合的学习桌,削平讲台,在平等的空间里变讲课为教学,既教学生学,又让学生动起来,动脑思考、动手实践、动嘴辩论,生师互动,生生互动,合作交流,团队比赛,学生因合作而提升,因竞争而进取,因自主而创新。教师应让课堂活起来,让学生动起来。学生应成为学习的主角并利用校企合作真实丰富的项目。课堂上让学生动手,讲练结合,教学做一体,培养学生学习的积极性。

创新创业教研室全力推进"互联网 + 教育"的实施进程,加快教学信息化建设与应用,充分利用慕课、微课、视频公开课等现代化教学手段改革现行教学模式。教研室选取某几门课程将微课、试题、课件、素材等课程资源上传到网站平台,实现各类课程资源等的在线发布、查询、浏览和更新,同时将网上答疑、师生交流和专题讨论等记录保存在平台上。教研室抓好慕课课程、微课程等资源共享课程建设,让每位教师建立自己的主页,建共享型、知识型、开放型网站,探索线上线下相结合的"O2O教学新模式"。

教研室力主打破常规,在创新创业教育试点班中融入多元化教育方法:设计模块化教学,形成各类师资的优势互补;实行项目制管理,引导不同专业学生依托各自知识背景合理组成创新创业团队参与实践学习;穿插角色扮演法,模拟公司各职能部门开展试点班各项管理工作;突出实践教学,依托校内学生创新创业工作室及校外实践基地,分专题有针对性地进行实习,撰写调查报告及编写创新创业案例,比如到海尔集团,重点学习其创业营销策略。教师们通过实践主导型的教学方法,配合选用实战操作性强的教材,在教材案例中大量体现青岛市中小企业元素,以使学生设身处地去分析研究创新创业过程中的各种问题,产生一种自然、真实和熟悉的感受。

创新创业教研室在教学中积极采用任务驱动式、项目带动式等教学方法,以培养学生的专业应用、自主学习、团队合作、职场竞争和社会协调等能力。

3.3.2 融合发展方面

创新创业教育与专业教育有机融合,才能切实有效地推动我国高校创新创业人才培养质量的长足发展。创新创业教育的本质,是在知识的学习和实践的体验中,引导学生体验感悟生活,从而激发创造天性。因此,创新创业人才的应用技术学习、实践能力培养不能脱离市场的需求,要以专业能力培养为核心,强化以创新创业能力成长为主线的素质教育,做好顶层设计,进一步整合校内外实践教育教学平台。创新创业教育向传统的专业教育渗透,需要有一个探索和积淀的过程。高校需要对创新创业教育与专业教育进行系统设计,遵循针对性、发散性、适用性原则,走融合式发展之路,推进人才培养模式改革。

3.3.2.1 理念与课程融合

创新创业教研室将创新创业教育融入专业教育的理念贯穿到了课程设计的全过程中。教研室结合专业群特点,突出课程"意识培养 + 知识普及 + 体验实践"的教学功能,分门别类地设置创新创业教育相关的必修课与选修课,将创新创业的基本理论知识和创新创业实践中所需要的法律、营销、电子商务、企业管理等相关内容作为必修通用知识编入创新创业通识课程教材。教研室根据不同专业群,从创新创业知识与专业知识互补的角度出发,搭配适当的选修课供学生选择,或根据专业相关性直接提供一定量的选修内容由学生自由搭配,不断开发适合不同学生群体的课程内容与实践案例。

3.3.2.2 师资与项目融合

创新创业教研室积极拓展校内的活动、项目载体,分兴趣、分类型、分方向构建学生的实践项目体系。教研室以社团活动为项目载体,分专业类、兴趣类、实战类等组建创新创业型社团,每个社团相对固定一名有相关专业背景的指导教师,引导学生能力激发、兴趣激发、创意激发。教研室以科技创新活动或竞赛为项目载体,且每个项目对接一名或若干名指导教师,跨专业组建师生共同参与的项目团队,采用教师指导、学生合作开发的模式,由教师带领学生深入研究真实项目。教研室组建了"专业导师 + 企业导师 + 创业导师"的指导师资团队,适时选拔在各类活动、项目中表现突出且有一定潜质的学生进行强化训练,以提高创新创业教育与专业指导的灵活性与针对性。

3.3.2.3 实践与体验融合

创新创业教研室在实践中不断加强学生的角色体验、过程体验和环境体验,将社会调研、专业领域信息数据整理、行业发展分析、案例剖析等纳入课程学习内容,使学生定位于社会职业人的身份,在实践活动中梳理出体现专业背景、符合市场需求、适合自身发展实际的专业拓展方向和创新创业方向。教研室还积极引导学生走出课堂、走进实训室和走入企业,将实践教学与产品研发、课题研究等工作相结合,以提升技术技能水平,夯实学生创新创业发展的基础。教研室辅助学生依托专业社会服务、专业技能与创新创业竞赛和创业孵化等平台走出校园,走向社会,加强了专业实践与创新创业的综合体验,形成了"专业技能 + 科技创新 + 社会服务 + 素质拓展"的综合体验链。

3.3.2.4 平台与资源融合

创新创业教研室构建了有利于创新创业教育融入专业教育的平台,并进行合理的资源配置。教研室充分整合校内资源,针对创新创业教育与专业教育有效结合的需要进行机构改革,成立了创新创业教育与专业教育融合发展的协调机构。教研室以专业群资源共享的方式建设校内外实训基地,使实训基地进一步发挥出优势,在专业教育的基础上丰富和拓展其创新创业教育的功能。教研室借助地方办学和行业办学的优势,充分利用地方政府、行业、企业的资源,争取获得地方政府和行业对于学生创新创业的政策支持,引导鼓励校内师生团队融入地方特色产业和创意产业发展,促进行业新产品、新技术的开发,以助推地方和行业的创新创业。

3.3.2.5 引导与制度融合

创新创业教研室跳出了专业层面,顶层设计人才培养过程中创新创业通用能力的培养载体,配套制度引导创新创业教育与专业教育的相互渗透。例如,在学生的学业管理和学分取得上,教研室采用了学分积累或转换的方式,对学生在科技竞赛、创新创业实践等方面取得的优秀成果进行学分认定和转换,使学生的创新创业成果学分可累加替换为通识选修课、专业课、第二课堂等课程学分,激发了学生在专业学习中参与创新创业活动的积极性。

3.3.2.6 形态与文化融合

创新创业教研室将组织形态、教学形态、制度形态、空间布局形态等与创新创业教育文化一道融入了人才培养的全过程。比如,专人负责在学习、生活和实践场所宣传励志成才的典型案例,营造"大众创业、万众创新"的氛围。教师在校企合作单位与学生实践实习场所,将企业文化融于学生的学习过程,使得创新创业的企业发展理念深入人心。授课人员将流程规范、管理制度、激励制度等的学习作为新生入学的第一课,引导学生养成良好的学习习惯并具备饱满的精神状态,在专业学习和创新创业活动中形成一种自觉规范。教师们立足校情,结合专业特点,以有利于开展工作室实践项目的延续性活动为载体,塑造适合本校的创新创业文化生态,彰显文化软环境在人才培养中的作用。

创新创业教育的改革永远在路上,创新创业教研室将基于创新创业教育学院的统筹规划,继续秉持融合发展的理念,坚持以学生为中心,把创新创业教育工作推向更高、更新的发展阶段。

第4章

工作室载体下的项目化教学实践模式 ❯❯❯

"创新不仅需要有创新意识,还需要有创造能力。"(孙中胜,2019)这种能力来自"创造"和"实施"构建的共同体,即"创新＝创造＋实施"。(贝蒂塔·范·斯塔姆,2007)作为一种适用于创新创业教育环境且实用性较强的探索模式,项目化教学便是在"真做"中使创造和实施融为一体并能将创新意识转化为创造能力的实践教育模式。尤其是在信息化时代,"大数据弱化了企业的边界,促进了企业之间的创新合作"。(吕薇,马名杰,熊鸿儒,2017)在全社会日益提倡产教深度融合、校企密切合作的今天,基于创客工作室实践载体有效施行此一模式,是遵循了教育规律、体现了培育实效的落地性做法。现以青岛黄海学院为例,对"院园合一"校企协同育人机制下基于工作室的项目化教学实践模式进行探索,并辅之以意义和实效上的解读与剖析。

4.1 基于工作室的项目化教学模式

传统型的教学模式不仅忽视学生在做中提高能力的成效,更压抑其自主探究的积极心理。由此,融入了自主性、探求性和批判性等高阶思维的项目化教学模式,自然就变得炙手可热起来。

项目化教学,即 PBT(Project-Based Teaching)。其概念,一方面来自项目式学习,指的是"学习过程围绕某个具体的学习项目,充分选择和利用最优化的学习资源,在实践体验、内化吸收、探索创新中获得较为完整和具体的知识,形成专门的技能和得到充分发展的学习"。(高志军,陶玉凤,2009)另一方面,这种实践教学模式又随着全球范围内的日益重视而备受关注。具体而言,它指的是以学生为中心的问题导向型和项目驱动式教学方法,不仅会根据具体的学习情境灵动而设,也会基于实际项目的完成对学生的应用能力进行考评。科学地讲,项目化教学遵循了多元智力理论,关注的是"学生各自智力潜能的发挥,而非'被动地学习知识',以便通过涵盖了题目设计、主题确定、问题分解、协同探索、策略研究、演练汇报和双向评价等七个步骤的项目驱动,'帮助学生创造性地解决问题'"。(高志军,陶玉凤,2009)

在"双创"教育环境下,要实现项目化教学,教师和学生务必通力协作,全力配合并高效整合学科综合知识与学习实践经验,且能够组建高效能团队抱团解决实际问题。鉴于"双创"教育环境下创客工作室实践载体所发挥的显著功效,教师在摒弃传统教学模式的前提下,不仅可以激发学生根据所学知识深入探究的兴趣,也加强了彼此之间的沟通、合作与创新,有利于最终实现综合素养提升的目的。现就其特点加以解析,并基于创新模式的探索对其实践意义作出具体表述。

4.1.1 项目化教学的主要特点

项目化教学使得学思有道、知行有味。其特点主要体现在奉行理实一体原则、冲破学科壁垒阻隔、倡导自主学习模式、强调工具综合应用和注重核心成果导向等多个方面。

4.1.1.1 知行合一,立体呈现

知行合一,立体呈现,即在遵循"知行合一"理念的前提下,基于实际问题让学生竭尽所能整合自身资源,并对目标问题进行全面而深入的立体化探索。这不仅理实一体地坚持了问题导向和注重过程考核的实践原则,更使得教师发挥出自身积极性,能够适时引导学生将所学理论知识融入立体化知识体系的构建过程之中。

4.1.1.2 跨界融合,文理兼容

项目化教学过程涉及文理兼容的交叉学科,教师所授知识板块属于编制课程系列之内的链接部分,不仅打破了学科与专业的界限,更对学生通过跨学科、跨领域的知识迁移解决实际问题的能力有所考核。这需要实践者以宏阔视野树立跨界融合思维,尽量"窄化"学科壁垒阻隔的距离,着力让"文理相

通"成为现实。

4.1.1.3　自主学习,过程参与

学生在项目完成的过程中,可根据自身实际提出问题且依此确定具体学习目标,而后再独立进行信息汇集、实效研究等,并将其纳入团队规划建设之中加以深度推进。此举充分调动了学生自主学习的积极性,使其在发现问题和解决问题的过程中强化了已有知识、获取了新知识,并融入了创新思维、应用了实操技能。这种模式不仅能够让学生本人成为学习主体、项目参与者和目标责任人,也帮助他们克服掉角色的被动性而变成知识接受的主动者,从而较高效地实现夯实基础知识、锻炼应用技能的目的。

4.1.1.4　工具助力,协同完成

在项目化教学中,综合工具的协调应用是其较为明显的特点。这在极大程度上改变了学生被动接受现有答案的思维习惯,使学生基于实际问题主动通过各种有效渠道自行寻找未知答案,在完成项目化学习的过程中学会使用多种信息检索工具,通过掌握的方法和了解的途径,广泛、灵活且协同化地进行所需信息的综合查询,最终完成数据规整,获取集中汇聚的有效资源并对具体问题进行深度分析。

4.1.1.5　场景体验,注重反思

在项目化教学中,核心成果的导向也应该是亟须关注的焦点。这在助力学生解决实际问题的同时,也可使其对更广阔领域的实践项目展开一定的研究,不仅规避了"僵化死学"和"书山题海",也瞄准了"场景体验"和"实践反思"的作用发挥,进而实现学生当前的"所作所为"不断与市场、职场及未来生涯规划的密切契合。

当今时代,很多国家都在推行项目化教学模式,以此来增强和锻炼学生的团队合作意识、信息捕获能力、综合创造能力、高效管理能力以及项目执行能力等。可以说,项目化教学的这些特点冲破了应试教育模式的诸多弊端,建基于视野开阔和未来发展的实际需要。了解其特点有利于营建科学、高效和适用的创新创业教育实践模式,有利于帮助学生超越原来的自己,实现自身蜕变。

4.2 项目化教学模式的创新型探索

时下,项目化教学因为融合了其他可借鉴的有效模式而愈发变得多样化,可谓层出不穷。现结合创新创业教育层面的创客工作室实践载体对其进行简要描述。

4.2.1 混合式教学模式

混合式教学模式的时兴,将传统型的可行性做法与现代的多元化优势有机结合,也使得"线上 + 线下"的实践教学路径成为大众化教育模式的选择。这种教学模式不仅促发了学习者由浅入深学习的积极性,也在数字化、可视化和平台化等方面提出了更高的要求。因而,将其与项目化教学互相融合,便成为信息化时代培养学生高阶思维能力和提升其综合素养的绝佳途径。这种新型的教学模式,不仅可以在创客工作室环境下开展常规的教学实践活动,也可以超越一定的空间限制,在更广阔的通道内创设新环境、疏通新通道和解决新问题,较好地体现出创新创业教育的实践成效。

4.2.2 模块化教学模式

此教学模式源自学生综合素养提升和个性化实践理念施行的需要,且契合了以市场需求为导向优质化、全覆盖、模块化和混合式构建创新创业教育基础课程体系的实际需求,即建立并完善以市场需求为导向,由创业基础课程、区域特色创业类课程和专业创业类课程组成的模块化课程体系,面向学生开设创新创业类课程和创业选修课程。此教学模式和项目化教学有机结合,不仅凝聚了师资力量,融汇了学科资源,显现了区域优势,也实现了创新意识、市场决策、专业能力和团队合作等创业素质的全覆盖,多学科专业融合的全覆盖,以及阶梯性增强与熔炼创新意识、创业能力、创客实践和跟踪服务等过程的全覆盖。此外,这一教学模式也有利于实现由专科学生到本科学生、由执教教师到受教学生和由专职人员到兼职导师的全覆盖。

4.2.3 赛教一体化模式

"互联网 +"思维下的"双创"教育和实践教学模式,对于以赛促教、以赛促学、以赛促创的实效有所要求。由此,赛教融合的一体化教学模式便成为大家人心所向的选择。将此模式和项目化教学自然融合,更加明确了教、学、做的方向,也让师生双方于实操过程之中自觉地践行了"知行合一"理念,真正施行以教联赛、以赛促学、以学融创的链条式应用型人才培养方案,从而将专业知识运用、创业能力提升和智化平台建设融为一体,为更好地构建生态型创新创业卓越人才培养体系赋能增效。

4.3　探索项目化教学模式的实践意义

创新创业教育所处的大环境及其营造的新环境,是项目化教学模式得以存活并能够取得新进展的肥沃土壤。因此,依赖并充分利用其所提供的丰厚资源,对自身施教模式的可行性、适用性和实用性加以研究,有着立足实际谋全局的时代意义和瞄准创新促发展的实践价值。

4.3.1　生态型构建,创新引领创业并使其产生辐射带动效应

施行创新创业教育的目的,在于以创新引领创业和以创业带动就业。这是一个逐层递进又互相牵引的生态型体系架构。任何人的创新意识激发都不是朝夕可成之事,创业实践的过程更要经受严峻考验,这些都为实现良好就业做出了铺垫。因此,如何产生创新引领创业、创业带动就业的辐射效应,便越发成为项目化教学实践模式探索过程中很值得深入研究的课题。

4.3.2　项目化熔炼,发扬创新文化特色,探索适用型培育模式

创新文化是在创新创业实践过程中沉淀并形成的引领型、内涵型文化。在此文化背景下,基于创客工作室实践载体,教育工作者对项目化教学的适用型模式展开深入研究,是充分利用空间场所和人力资源以及技术支撑的实践性探索,不仅有利于吸纳具有创新创业能力的时代精英和行家里手助力前行,更在深度探索应用型创新创业教育模式方面积淀了力量,也为成熟型的项目化教学模式熔炼提供了可供借鉴的参考。

4.3.3　亲历式体验,基于工作室载体构建人才培养长效机制

创客工作室载体是创新创业教育工作得以高效进行的空间抓手,也是项目化教学更好存活的实体依附。在此实践场所中,导师们可以围绕着"院园

合一"校企协同育人机制,深入开展"小切口、深分析"的项目化人才培养模式探索活动;创客们也可以基于产教融合、专创融合等提炼项目特色和打造团队骨干。鉴于体验"不仅能让人获取现实生活中无法满足的东西,提升人在平凡生活中的智慧,更能帮助人充分利用自身各种感知能力和想象力,充分体验人生和世界的丰富性"(王千马,2017)。实践者们通过这种真枪实弹且提升智慧的亲历式体验,能够点滴汇聚那些积累起来的宝贵经验,对于构建、完善并推进长效性和可追溯的应用型创新创业人才培育机制可谓大有裨益。

4.4 基于工作室的项目化教学模式实践成效

青岛黄海学院基于"院园合一"校企协同育人机制,不断深化产教融合、校企合作工作,积极提升项目化教学模式的实践成效。近年来,学校围绕着跨境电商专业集群建设,依托"学院+产业园"如火如荼地进行跨境电商工作室制人才培养模式改革,其项目化教学实践推动了人才培养方案的日益完善,已产生较好的辐射效应。目前,全校已建立 0 到 1 创客工作室、智能创新工作室、机器人智能装备工作室等师生同创工作室近 50 家。从项目化教学模式的实施情况来看,学生参与度高,企业认可度也高。校企双方不仅优化了资源配置,解放了时间、空间,更在育人效益和经济效益上实现了双赢。最为重要的是,学生不再搞"孤岛式"设计,走出了单纯的书本式课堂,走进了能力高效进升的实践空间,既有任务驱动,又有真实的企业项目运营,将自己的专业知识和动手能力有机结合,理实一体地实现了专业知识的综合应用与知识迁移能力的提升,也在不断的历练过程中增强了创新意识,提升了创造能力并熔炼了企业家精神。

项目化教学立足于真实项目和企业化实战场景,需要的是源自市场导向的任务驱动式设计思维。青岛黄海学院在不断构建并完善"院园合一"校企协同育人机制的过程中,基于创客工作室载体,对其在深度、力度和广度上加以推进、熔炼和细化,使其成为高质量培育应用型创新创业人才的实践模式,未来将会取得更富成效的孵化效果。

中 篇

基于创客工作室载体的
创新创业教育实践研究

第5章
基于工作室的创业基础体验式教学改革思路探索和案例剖析 ▷▷▷

自学校积极推进教学改革以来,创新创业教育学院一直积极响应学校的办学理念与方向,致力于"以学生为中心"的教学改革的探索。创业基础教学在布鲁姆教育目标分类法的基础上,将学生从记忆、理解的初级学习阶段上升到了应用、分析、评价乃至创造的深度学习阶段。学校传统的创新创业教学将案例讲解、KAB经营模拟融入课堂实践中,让学生通过案例分析了解创业过程中可能会出现的问题与解决方式。经营模拟是让学生进行角色扮演,体验企业经营的各项业务,最初阶段也取得了一定的效果。但是,随着社会发展,人工智能时代加速到来,对于学生创新创业思维的锻炼与培养,就成了非常重要的教学目标,而不仅仅是动手操作能力了。

5.1 创业基础课程改革的中心

学什么,是根据社会的需求、学生层次,总结出学生发展所需要的知识与素养;怎么学,则通过科学发展的指导并结合新时代学生的特点,设计学生的学习内容与学习目标;而学到啥,是指通过可观测、可达到的知识、能力、素质目标的学习效果,来了解学生的学习效果。学习本质上属于两个概念。"学"是"学知识","习"是"体验、挫折"。就像"教育"二字,"教"是"教知识","育"是"育文化"。未来的学生不仅仅是会做、会说,还应有想法。创新、创造、创意是人与机器的区别所在。未来的学生在学校里不仅仅是学知识,还要体验创意与想象力,从体验中学会创新创业,学会合作、责任、如何面对失败挫折,学会在冲突中解决问题。

5.2 创业基础课程改革目标

在此,情景模拟的教学环节设计,能够增强学生的体验过程,让学生真正走进创业,了解创业,锻炼创业能力。培养学生的创新精神并增强其创业意识,可使其真正地将所学知识运用到实践中,进而达到知识创造价值的目标。

课程改革彰显出培养创新型人才的内涵。创新型人才的培养过程,突出了对人才本身创新意识和实践动手能力的培养,强调了知性的学习,通过拓宽其知识面打下宽厚的理论知识基础。人才培养还需正确处理市场需求、企业需求和培养目标之间的关系,以培养目标为准绳,根据市场和企业需求更新教学内容和课程体系。

课程改革体现了培养创新型人才的基本特征。一是使学生具有较强的实践能力和较高的综合素质,既有职业所必需的技术能力,又有职业所必需的非技术能力和知识。学生走上工作岗位后,既能即时满足企业和生产第一线的需求,又能自我提升专业知识和更新知识储备。二是使学生具有创新精神,既要能对口对岗,具备较强的技术开发潜力和能力,又要能凭借扎实的理论基础和宽厚的专业知识面,将所具备的知识进行合理运用并推广技术,在各自的岗位上进行革新,培养造就一批有创新型思维、能创造性地开展工作、创造性地解决问题的新一代精英人才。

课程改革以培养学生的创新创业思维、提升学生创业能力为目标,将体验式教学法融入课程教学的全过程,采取混合教学模式,学生在线学习理论知识,课堂中教师根据教学大纲设计教学任务,将教学设计为创新创业思维活动、创业团队建设、创业项目选择、创业模拟体验、创业实践五个板块,增强学生体验经验,真正促使学生提高创新能力。创新创业课程以项目为导向,学生组队,选择创业项目,进行课下的创业体验,教学结合创业过程进行设计。

5.3 创业基础教学改革具体内容

创业基础教学改革具体内容是围绕着授课内容与授课形式来进行设计的。如何设计教学环节能与授课内容相匹配,能够更好地体现授课内容主旨,这就是创业基础教学的具体改革目标。创业基础教学改革环节分为创新创业思维活动、创业团队组建、创业运营训练、创业模拟体验等环节。

5.3.1　创新创业思维活动环节,以头脑风暴的方式,讨论"用创新创业思维去做一件事"

思维训练的目的就是指导行为方式。该环节主要是让学生动起来,在活动中训练创新创业思维。

5.3.1.1　概念统领,引介创新思维和创业模式

教师应点出重点字"创""业"的含义,并介绍如何做到"创",达到什么目标才能实现"业"。此时教师需与学生互动,讨论如何实现"创""业"。

5.3.1.2　课件分享,力推创新思维的培养方法

教师通过课件展现的形式,向学生介绍发散思维、联想思维等思维方式,并利用思维导图推介诸多创新思维的培养方法。

5.3.1.3　头脑风暴,限时思考互动并有效点评

教师让学生自主发言,对自己所能想到的《中国汉语大辞典》用途,限时5分钟思考时间。学生经过在线语音发言之后,教师再对学生的思维方式进行记录点评。

5.3.1.4　故事分享,综合比对以提升创新能力

比如,教师介绍小故事"一件只值 1 美元的旧衣服,怎么把它卖到 2 美元? 怎么把它卖到 20 美元? 又怎么把它卖到 200 美元?",并与学生开展讨论,分析故事中小男孩杰克三次的反应,总结创新思维与创新能力的不同,以及如何提升创新能力。

5.3.1.5　适时导引,以在线分享助推案例解析

教师发布头脑风暴活动:如何让 5 元变成 10 元甚至更多的钱? 学生在线讨论并分享自己的观点。教师总结点评并引出案例:斯坦福大学学生如何使用 5 美元启动资金。

5.3.1.6　经典剖析,勾连创业思维的理论框架

教师通过斯坦福大学学生的案例,引导出创业思维的内容,介绍创业思维的理论框架,让学生在宏观上加以认知。

5.3.1.7 布置团队任务

教师让学生使用创业思维在校园里做一件事情,提供给学生思路,然后让学生自行回答。

5.3.2 创业团队组建环节,提炼团魂

学生组建团队,确定团队名称,提炼团队文化与LOGO。为增强体验效果,每节课都要将团队名称与LOGO摆放在桌上,以团队形式参与课程的教学全过程。

5.3.2.1 活动过程

每名学生一分钟内随意画一幅画或者图形;全班分为5~7组,每组选举小组长。小组长到讲台上接受任务;教师发布任务指令,要求20分钟时间之内,将团队每位成员的画汇总成一个图标,能显示本团队的文化,并推选一名队员,上台介绍团队LOGO含义、团队文化和团队口号;准备时间为20分钟;小组上台演示;教师进行总结,要求每名学生在画画之前都是随性的,按照自己的喜好和行为习惯来画。可是当你加入一个团队,你会发现,你的画不一定会符合团队的要求,有的甚至是给团队带来困扰和麻烦。所以,当我们处于团队之中时,再不能以个人爱好和习惯性的行为方式来做事,而是要考虑团队的需要和利益,这样我们团队的麻烦才能减少,团队的效率才能提高。教师应评价每个团队的图标、文化和口号,表扬有创意的团队,并分析创意的来源,鼓励团队之间相互学习;小组成员要在组内分享自己团队合作的感受。

5.3.2.2 训练目的

教师让学生在上团队管理课之前,体验一下团队合作的感受。这样在讲解时,学生更有直观感。小组长接受任务时,小组成员并不知道任务内容。目的主要是考查组织分配任务与沟通的能力。小组长回组内传达任务,要求小组成员将画的图表达出来时,考查了小组成员的沟通表达能力;团队最后合作,设计图标、团队文化和口号时,考查了小组团队合作沟通的能力与小组成员的创意。

5.3.2.3 训练的结果

在训练游戏结束后,每名学生都在本小组内共同合作,按时完成工作任

务,小组成员之间凝聚力更强;在沟通过程中,沟通方式很重要。有的同学很积极地表达自己,有的同学不善于表达自己,在小组合作完成任务过程中,就需要小组长进行调整,使各个成员都能有机会表达出自己的观点和看法。有的同学画风复杂,如何排列,如何组合,表达什么含义,开始都无头绪。每个成员都说出自己的观点和看法,慢慢激发创作灵感,按时完成了任务。因组内成员表达方式不同,接受力、理解力不同,这就需要成员选择合适的沟通方式来面对组内不同成员,让学生明白有效沟通的重要性。

在完成任务过程中,有的小组成员会脱离组织,自己看书或者干些别的工作,没有融入团队当中,这种现象需要在课上进行分析。第一,学生本身觉得自己似乎没有什么好的想法,所以没有参与;第二,学生觉得自己融入不了团队,所以没有参与;第三,学生对这堂课不感兴趣,所以没有参与;第四,学生对学习成绩更看重,所以没有参与。针对以上原因,加以分析:团队合作是思想的碰撞,虽然自己没有什么好的想法,但是可以在与其他队员的讨论当中获得灵感,或者拓展自己的思维,这也是一种提高的途径;学生没有团队精神,无法融入团队,是因为没有重视过团队合作精神,对团队合作没有正确认识,须知团队不仅仅是在一起干活,还有思想和心灵的交流,是依赖、信任、情感的沟通和交流;学生对这堂课不感兴趣,认为创业基础不重要,所以轻视,不愿参与,是他对这门课程的认识不够深刻,创业基础教育不仅仅讲解创业,还有从业素养的培养、创新意识的培育;学生更看重英语或者其他专业知识的成绩,那是他们不了解现代社会对大学生的要求在提高,不仅仅是学习成绩,而且是综合素质,不仅仅是考试,而且是能力要求。所以,引导大学生对创业基础教育的正确认识是非常必要的。

5.3.2.4　团队活动的思考

现代大学生很多仍然只求考出好成绩,以考试为己任,忽视了自我从业素质与就业技能的提高。如何让学生更符合企业的需要,符合市场的需要,这是创业基础课未来应该思考的方向。实践证明,加强学生实践能力的培养势在必行。

5.3.3　创业模拟体验环节

教师在教室内组织学生参与 KAB 企业运营模拟及市场供求预测模拟,

让学生真正动手操作,了解企业成本的发生以及如何保证最大收益的基本原则。该模拟环节在培训教室中提供经营一家企业的实际经验,模拟真实的企业环境,目的是让学生作出各种决策和应对这些决策带来的结果,而这一切都是学生在实际运营企业时必须要做的事情。

学生学习的要点如下:组建企业组织结构,了解企业的生产经营循环周期,认识经营中制订计划和记账的重要性,制订出最佳的资金使用计划,管理现金流动(控制现金的合理流入、流出),学会基本簿记(简单的财务记账),通过游戏演练感受企业可能面临的风险考验,学会如何应对风险(预留不可预见风险资金,规避风险等)。

5.3.4 利用已有的"创业总动员"实训平台,体验初创企业公司运营过程

学生团队在平台上建立公司,进行企业经营,班级团队在同一个市场上进行经营的竞赛。由于经营各个环节中每个团队的决策方式不同,导致最后的经营效益不同。通过教师分析,学生了解了真正运营一家企业所应该注意的各项决策内容。

在此平台上,学生体验到了公司注册流程,包括公司名称预审、厂址选择、股东会议召集、股东出资核算、注册材料准备、审核材料提报、营业执照办理、社会保险开户等一系列公司注册流程;公司注册完毕后,学生在平台中继续进行设备购置、员工招聘、市场供求分析、产品设计研发、材料采购、生产推广、订单销售等一系列企业经营活动。教师通过带领学生进行对公司注册及初创企业运营的模拟操作,让学生对企业创办有更直观更深入的体验,为接下来的创业项目体验环节打好了基础。

5.3.5 利用孵化基地入驻企业与创客空间,将课程与企业工作室相结合

教师分析现有工作室所在专业领域、市场环境、技能需求,协调校内外导师开发30分钟一对一工作室技能培训课,并发挥总控台枢纽作用,制定"个性化定制创业技能课程一览表",通过使用"点单式"自主勾选方式,让实战的学生以工作室为单位自主选择所需技能课程,满足其个性化定制的技能需求。教师组织学生对口体验创业公司的生存模式,与实际创业的学生进行交流,分享他们的经验。

5.3.6　各团队选择要体验的创业项目,进行课下的创业项目体验

教师进行有针对性的指导,并组织各团队进行中期汇报与期末汇报,总结与分享各团队在实际项目运营过程中的经验。通过现实性的体验,让学生真正去做,在做中学,在做中反思,在做中总结,在做中提升,此举可实现创业教学的真正落地。在创业项目体验过程中,如有可以持续发展的好项目,教师们还可以进一步加以扶持和培育,将创新创业课程与学校创新创业孵化机制相结合,利用创客空间、孵化基地和科技产业园为学生们提供良好的创业空间。

创新创业教育是当前经济新常态下高校人才培养的主要方向。在将来的教育实践当中,高校应当充分完善自身的创新创业管理体系,在创新创业方面给予学生专业和有针对性的指导,使其接触更多的创新创业实践机会,有效地提升高校人才培养的水平。学生通过教学改革,一定能够提升自身的创新创业思维和团队合作能力,掌握创业项目选择及运营的方式、方法,并通过创业项目的过程性体验更好地为自己的团队创造出价值。学校也会一如既往地坚持以学生全面发展为中心,将创业模拟成绩、创业项目体验和营利能力等作为其学习效果的衡量标准并高效落地。

第6章

"院园合一"的创新创业教育实践与英汉双语训育融合增效通道研究 》》》

"院园合一"的实质,即理实一体地实现跨界融合、优势资源共享和校企协同育人。"在'互联网+'时代,将创新创业教育理念和实践精神有机融合,探寻行之有效的适用模式,实现教育生态的和谐发展,已成为创新型实践教育研究者关注的焦点。"(于振邦,梁忠环,敬钊君,2017)本章内容基于"院园合一"协同育人机制在创新创业教育及其具体实践过程中的活泛应用,对其间"双创"教育实践与英汉双语训育融合的增效通道进行了关联性研究,旨在为应用型高校以"大双语"生态实践观施行开放式的"双创"实践教育,谋求更为优质、高效的发展思路与践行路径。

6.1 "院园合一"协同育人机制是实践教育模式的创新性探索

"施行生态化育人模式和高效能运行机制,是创见也是智举。"(张永彬,李宜伟,于振邦,2018)"院园合一"协同育人机制,在理论上源于"三螺旋"力量汇聚的创新系统和交叉关系,在实践上主张多主体联合和跨学科融通,不仅倡导构建教、学、做合一的生态体系,也强调产、教、学、研、用的五方衔接,体现出的是知行合一实质和一核多用、一源多流以及一地多翼的实践功效。

在"双创"教育兴起的当下,国内已有不少院校对此进行了一定程度的探索。它们基于"三螺旋"的创新模式和校政企的交叠关系,对实践教育新型模式展开了探索。比如,将专业学院和产教园区合二为一,提倡"儒商学堂 + 实训工坊 + 创客空间"的实训式人才培养模式,通过多种形式的校企合作共建产业学院、实训基地、创业园区,或者多主体融通共建专业班、特色班、卓越班以及冠名班等,这也是以开放思维进行精准化培育和生态型构建创新创业实践育人体系的落地性应用。

6.1.1　"双语＋双创"的儒商学堂

此举重在通过走企业路径搭建孔子学院,借助于英汉双语通道将国学内涵蓄积、"双创"思维教育和"儒魂商才"素养的应用型创新创业人才培养等实践活动自然衔接并融通利用,以实现"强内涵、高素养、能创新"的人才培养目标。

6.1.2　以工作室为载体的实训工坊

实践导师处于"一体双责"的实践场所,基于工作室下项目化教学实践的需要,注重将适应岗位需求的"企业元素"渗透其中,不仅能够让学生在真实场景下通过实践项目驱动消化自身所学的理论知识,更能够让学生通过进一步的活学活用有效提升应用能力。

6.1.3　全要素、多功能的创客空间

创客空间植根于"分层次教学、实效性孵化、按梯度进升"的实践育人体系,且能够通过全要素发挥和多功能释放最终提升学生的创新意识和综合应用技能。在此空间下,"院园合一"的校企协同育人思维,通过产教融合的开放形式搭建了各种"双创"教育实践平台。比如,学校可通过创新型孵化示范基地、多功能众创空间、孔子学院、儒商学堂、网络化微课堂和可视化实效育人平台等来助力大学生提升认知水平并实现创新梦想。

这种"院园合一"协同育人机制,当然不是空口无凭的夸夸其谈甚或某种虚摆设的无用装置,而是讲求务实高效、重在实践的行动方案。它作为构建大学优质化"双创"实践教育体系的有效路径,可谓意义重大。尤其是随着全球化创新创业教育时代的来临并不断推向纵深,国内很多高校都在积极探索适用性较强的育人模式,通过逐步健全弹性学制,大胆尝试并慎重推行创新学分积累和转换制度等,鼓励大学生基于自身群体特征和个性化需求以及社会新潮风尚,萌发出创新意识并付诸实践,有效地做到了将课堂学习和课外实训有机结合,通过线上、线下双通道提升综合知识应用能力。

6.2 英汉双语训育在"院园合一""双创"实践中呈现出多重功效

在"院园合一"协同育人机制下,顺势而行的英汉双语训育思维日益受到推崇。它首先汇聚了具有科技元素和创新动能的互联网平台资源,并通过双语桥梁架接起的通道赋予训育以新的内涵解读和实效意义。鉴于"院园合一"协同育人机制的多样要求和双语训育的多种考量,在具体的实践过程中,"院园合一"协同育人机制便不可避免地会呈现出多重功效。

"知行合一"实践内涵的生发和应用,讲求的是崇德尚文和学以致用。二者作为素质教育施行方略的终极目标,也构成了有利于实现训育和化育双重功效的核心要素。其一,训育的目的就在于要对学生进行自化式教育,在教学实践过程中做到遵从于其内心意愿并能够因势利导,使之承德进善,在身心和技能方面都能获得突破性的进展。其二,双语训育更是凭借多元化实践平台的辐射效用,将德育实践和语言技能的提升融入具体的学科教育实践环节当中。此思维模式不仅适用于双语环境营造的实践场域,也创造性地疏通了提升语言技能的实践通道。它对标于全面提升学生包括跨学科知识迁移能力和语言交际能力在内的综合素养提升要求,也能够实现学生学以致用的实际意愿。

6.2.1 强调内外通达,便于实现联动帮扶

在创新创业教育实践过程中,训育模式可以使学生经过体验式明悟掌握教师所传授的文化知识核心要点,进而内外通达并将其在生活实践中加以应用。英汉双语形壳下的训育更是尊崇了"院园合一"协同育人理念,目的在于通过双语通道实现专业知识传授和实践平台运营的协同、教育创新理念和技能实际应用的协同,它们将优势资源高效整合,将学科、专业、行业和产业有机融合于英汉双语所营建的场景之中。英汉双语训育的实践离不开复合式、高效能和智能化平台的有力支撑,需要一系列包括创智孵化基地、大学生科教园区、产业孵化城和各层级科技企业孵化器等在内的实体的联动帮扶。

6.2.2 注重场景体验,便于疏通应用通道

创新创业教育环境下的训育通过"院园合一"协同育人机制更大限度地

发挥出了训育自有的化育功效,而在此前提下的双语训育则需要"院园合一"协同育人机制的有效疏通和高效规整。此机制将应用型创新创业双语人才的培养纳入企业化运营空间特定的鲜活场景之中,凭借着科技平台的延展和企业化元素的融通作用,让受教的学生在双语应用的实践环节中将需要深层次体验的语言实操技能、需要长久蓄积的文化认同心理取向,乃至在"双创"教育环境当中需要慢慢消化的多学科知识内容等渐进性地加以融通与应用。

6.2.3　厚积"双创"教育内涵,便于高效培育精英

秉持"知行合一"理念,将其涵纳的文化精髓和"双创"实践内涵融入专业课程教育的全过程,在双语通道的疏导下以"双创"实践精神触发多学科精英教育的创新思维,大力施行礼乐诗书模块化教学实践方案等等一系列活动,都是构建"院园合一"协同育人机制的体现。

6.3　"双创"教育时代增强英汉双语训育实践功效的创新通道

创新创业教育背景下的训育,旨在将核心知识的精髓和文化体系的内涵日渐渗透到具体的"双创"教育实践环节中。那么,在万物互联的当代,如何才能更加优质高效地增强双语训育的实践功效呢?

6.3.1　全要素培育,复合式重塑

将创新创业实践技能和多学科文化知识体系中所涵盖的专业精神、优良品质、完美人格以及综合素养的实效提升,纳入双语环境和儒商学堂所共同构建的模块当中,并注重整体过程的厚蓄积淀,是实现训育增效的可行性路径。比如,可精选出一批创新素养较高且有着深层次认知文化知识内涵需求的学生,使其经过为期一到两年较有针对性的研修班培训实践,具备多场景应用的"双创"实践技能和双语实操能力;也可以通过不断丰富、健全全员参与的"双师双能型"师资核心力量资源库,精准地指导学生申请有关创新创业实践和双语训育融合而成的发明专利,或参加"互联网＋"创新创业挑战赛、诗词新韵赛诗会和各层级内涵型国际商务英语创新创意大赛以及多主题的"中外创客大赛"等实践活动。另外,也可创建包括"茶艺社""国风诗社""国学社""创业咖啡"等在内的"双创"社团或实体空间,来全新塑造"脑手并用、视野

开阔、素养健全"的双语式创新创业实践人才。

6.3.2 重体验测试,平台性推进

"互联网 +"时代的大学双语训育实践,更应注重体验式过程和平台化操作的有效性。可以通过诸如外放型、高端化的 PPP 模式(公私合营模式)、中高端产教融合项目测试等多种方式,谋划双语实践资源的共享型合作关系,以"互惠合作、双赢共生"来打造实体化双语教育共同体。创新创业实践教育中训育功效的增强,不能单凭"自产自销"的方式来实现,而应着重考虑平台化运营模式下多方联动的推进作用。以青岛黄海学院兴建孔子学堂推行长效双语教育、儒商教育的实践为例,这种将"国学基础"课程双语"泛在化"的创新实践即源于济宁学院的山东省传统文化传承重点项目"论语大会活动"参赛体验需要。实践证明,通过各种途径的校园平台建设和社会践行渠道,如个性化"微国学"课堂、微视频创客空间等,来增强、提升学生的创新意识、品德修养以及创新能力,势必会对构建创新创业教育的长效机制起到事半功倍的作用。

6.3.3 双效能实训,体系化构建

"院园合一"协同育人机制下的实训式人才培养模式,强调的是知识的实际应用和技能的高效提升。它有效地将即时性获知知识、混合式学习方法、生动性课堂模式和 O2O 增效途径结合在一起。根据场域理论的要求,双语训育绝不能单靠"嘴上功夫"和"笔下生花",而应以合作共建实践基地、多功能科教园区或跨界运营的创客空间等为实际抓手,对诸多缺口适时地进行"补位",做好实践项目的落地,最终提升智能化平台下学生多学科知识的应用能力和其综合性素养的融合能力。在信息化时代,双语训育更为注重发挥线上、线下的"双效"功用,能够把网络新技术融入创新创业实践活动通联的具体场景之中,多路径地疏通便于构建创新型人才培养体系的联动机制。

"院园合一"作为院园融合、校企同育、专业与产业共进、学业与创业同行的新时代应用型创新创业人才培育机制"升级版",更加注重学科理论和实践技能的融通进升和深厚文化底蕴的德育教化之功。高校双语训育实践功效的升增,在"院园合一"协同育人理念和平台化运营的整体思路指引下,需要更

加贴合实际以渐进性地实现新的突破。

因而,这就需要充分发挥学生的自主性,借用高效能实践平台适时进行师生同创、企生共创和学生自创等实践活动,在资源高效利用、技能得以提升的空间(比如工作室、孵化基地、创业园区等实践场所)中,将死性的理论知识、刚性的应用需求和理性的实践规律相融相通,形成整体上的长效合力,以使实践教育的全过程变得更加具有精准性、实效性和适用性。这当然需要所有从事创新创业实践教育和双语教学的工作者们进行长期的深究细研,以用内涵底蕴来支撑创新型实践育人体系,也使双语训育变得更加"有血有肉"和"有汤有料"。由此看来,基于优质、高效育人模式的通道探索仍然需要加大力度。

第7章

"专就融合"的"六二四"就业指导体系构建及落地实施机制探索 ▶▶▶

创新、创业和就业不仅仅关系到个人之事,同时也是国家和政府部门十分重视的大事。党的十七大报告明确指出,要"积极做好高校毕业生就业工作"。根据《国务院办公厅关于切实做好 2007 年普通高等学校毕业生就业工作的通知》(国办发〔2007〕26 号)中"将就业指导课程纳入教学计划"的要求,各地主管部门要做出明确安排和部署,高校要切实把就业指导课程建设纳入人才培养工作,列入就业"一把手"工程,并将就业指导课程建设和效果列入就业工作评估范围。文件要求改进教学内容和方法:教学内容应力求实践性、科学性和系统性,突出强调理论联系实际,切实增强针对性,注重实效;要在遵循课程体系和课堂教学规律的前提下,引入多种教学方法,有效激发学生学习的主动性和参与性,提高教学效果。

本章将以青岛黄海学院为例展开研究。在国家政策的积极引导下,学校秉持"知行合一"校训,立足于本校实际,发挥本地区域优势并突显自身办学特色,积极探索出"专就融合"的"六二四"就业指导体系探索模式。

7.1 基于"专就融合"的"六二四"就业指导体系的搭建

青岛黄海学院创新创业教研室教师及其他校内负责"双创"教育和就业实践工作的教师们在就业指导课程的教学实践过程中,充分发挥了民办高校自主创新与机制灵活的优势,积极探索并实践教育教学的新型模式,进行了"专就融合"的教育教学改革实践,创造性地探索了"六二四"就业指导体系,使得产学研用深度融合,也让学业、专业、就业和创业融会贯通,从而在学校体制、机制层面有效地解决了就业指导中工作表面化、指导粗线条等实际问题。

7.1.1 "六二四"就业指导体系的"六模块"

青岛黄海学院创新创业教育学院教研室负责教师组建并带领团队,利用自身多年的企业人力资源管理实战工作经验,针对大学生求职问题,将求职历程生动形象地总结为"六模块",即"六道关",并将其录制为山东省高等学校课程联盟平台在线课程——"求职勇闯六道关",取得了比较好的效果。仅在2020年上学期,全国就有42所高校4万余人选此课程,为疫情期间特殊情况下的就业贡献了自己的力量。

这六道关分别是认识关、信息关、材料关、面试关、权益关和试用关。

第一关认识关,主要是从就业的重要性、就业政策的有利性、就业的误区和就业形势的严峻性这四个方面,从思想上对学生开展引导工作,增强他们参与就业工作的信心并使其萌生深入践行的意愿,以在思想上消除其对就业的认识误区。比如害怕就业和逃避就业、非大城市不去、非专业不做、非体制内不进等。第一关展现了就业形势的严峻性,希望能够引起学生们的重视。因而,第一关的主要目的是"思政先行"。

第二关信息关,主要是传授给学生们寻找就业信息的渠道。这一关融合了企业常用的招聘渠道和途径,将企业之"需"和学生所"求"有效结合起来,以有效地避免时间上的浪费,加快求职者的步伐。这一关里更重要的是教授学生如何辨别信息的真伪性,如何辨别传销和直销。目前,社会上的传销死灰复燃,如何避开并保证学生自身的安全就显得尤为重要了。

第三关材料关,主要是教会学生如何撰写求职材料,包括求职信和简历。这一关结合企业的实际需求进行阐述,从企业 HR 的角度来分析企业最希望看到的求职信和简历中的方面,从而做到有的放矢,增加求职者开展求职实践的准确率和命中率。

第四关面试关,主要是从面试前准备、面试中应对和面试后跟踪三个方面进行分析。面试前准备可谓面面俱到,从妆容仪表仪态的准备到时间准备、资料准备以及进入企业的候场都进行了全方位的指导;面试中应对重点针对企业常用的结构化面试和无领导小组面试两种方法进行指导;面试后跟踪主要指导学生面试后需要做特定的工作。这一关希望学生们能够掌握面试过程中的技能并升华成技巧。

第五关权益关,主要针对企业中经常发生的劳动纠纷,教会学生们如何运用劳动法中所规定的相关内容来维护自身的权益。这一关的内容可以让学生们终身受益。

第六关试用关,主要针对学生们的试用期展开分析,目的是教会学生们如何顺利度过试用期,进而真正开始自己的职业生涯。

这六道关,可以让学生们对自己的求职路一目了然,既激发了他们对就业指导课程的兴趣,又使其在生动活泼的环境当中学到了求职的相关技巧,受到了大家的一致好评。

7.1.2 "六二四"就业指导体系的"二层次"

"二层次",是指在线课程的两个层次。

第一层次,也就是前面所说的在线课程"求职勇闯六道关"。通过第一层次的运作,就业指导课程已经解决了学生们在求职路上所遇到的大部分问题,提高了其求职技能,但也存在着通识课程面临的普遍问题:就业指导凌驾于学科和专业之上,授课对象不看专业和学科,使得就业指导课程的指导线条较为粗犷,没有深入到学科内部,不够精细和精准。

为了对就业指导工作进行更为专业、更加精细、更富个性和更具温度的指导,打造"专就融合",负责教师带领团队打造了第二套在线课程,即在线课程的第二个层次——"精准求职,点'石'成'金'"。它在第一阶段"求职勇闯六道关"的基础上,将每一章分成通识模块和学科模块。通识模块解决学生们普遍存在的问题,学科模块将学科分为四大系列,每个系列按类别划分,分别是工科系列,包括机电类、信息类、车船类、建工类;商贸系列,包括商贸类、财经类;艺术系列,包括影视类、设计类、动漫类、数媒类;学前教育系列,如早教类、幼教类。学科模块是按照第一层次在线课程的思路,从学科专业的角度深度剖析,涉及求职中的大学生们在学科专业方面应该着手准备的工作及其需要解决的问题,从而做到点"石"成"金",深度挖掘每一位学生的优势,实现"让每一位学生都成为精英"的目的。

7.1.3 "六二四"就业指导体系的"四阶段"

"四阶段",是指就业指导课程具体实施的四个阶段,即就业基础教育,就业技能提升,学科专业就业竞争力提升,成就自己、服务社会。负责教师所带团队创造性地将"六模块、二层次"融入了下面的"四阶段"。

第一阶段,就业基础教育。通过针对全校本、专科应届毕业生开设"就业指导"这门课程,将正确的就业理念传递给学生,让他们树立正确的就业观和择业观,提升其就业的信心和勇气。

第二阶段,就业技能提升。教师以线上自建课程"求职勇闯六道关"为依托,在课堂上采取翻转与训练相结合的方式,运用课程演示、典型案例分析、情景模拟训练、小组讨论、师生互动、角色扮演、社会调查与实践,将课堂演变为逼真的职场竞争环境,让学生们在竞争中获得成长和发展。自2020年3月以来,因受疫情影响,团队重点采取了"三个一"的措施,即一个教学平台(智慧树慕课)、一个直播工具(腾讯、智慧树、瞩目等)、一个交流工具(QQ讨论群等),实现了特定时期具有一定特色的线上线下混合式、信息化教学模式,极大地提升了学生们的就业实践技能。

第三阶段,学科专业就业竞争力提升。学校实行"专就融合",打造精准服务,以第二层次的在线课程"精准求职,点'石'成'金'"为依托,实现就业与学科专业的有机结合和深度融合,并适时地引入企业,实行校企"双师制"和定向培养机制,从而在专业角度上提升就业竞争力。

第四阶段,成就自己,服务社会。学校本着"让每一位学生都成为精英"的原则,关注每一位学生的需求,为毕业三年内的学生继续提供后续指导服务,让毕业生们顺利地实现自己的人生价值,更好地服务社会。

7.2 基于"专就融合"的"六二四"就业指导体系落地实施机制探索

校企师生四方联动,目的是想要促进基于"专就融合"的"六二四"就业指导体系顺利落地实施。

7.2.1 课堂形式丰富多彩

如果想要保证"六二四"就业指导体系顺利实施,师生主导的课堂首先必须打破传统的"传授式"教学模式,将企业招聘机制引入课堂,提前让学生们在真枪实弹的环境中历练和成长。课堂采用翻转与训练相结合的方式,运用课程演示、典型案例分析、情景模拟训练、小组讨论、师生互动、角色扮演、社会调查与实践等形式,深受大家的好评。课堂上学生们跃跃欲试,争先恐后,既激发了自身热情,又让自己在激烈的竞争环境中学到了一定的技能,逐步提高了竞争力。学生们纷纷感叹受益匪浅。

7.2.2　立足市场,校企合作

如果想要确保学生们精准地找到适合的工作,满足企业的需要,必须扎根于市场需求,切不可闭门造车。学校采取了按专业需求进行校企合作联合培养的模式。目前参与校企合作联合培养的企业有 200 余家,涉及护理与健康、工程造价、机电工程、互联网金融、学前教育、动漫技术、跨境电商和国际经济与贸易等学科专业,特色鲜明地培养了一大批应用型创新创业人才,有效地激发了学生们参与创新实践活动的激情,拉动了创新创业的内生需求,引领他们不断投身于创业活动中且较好地带动了就业实践。

7.2.3　教师团队,各显神通

"双导师制"是打造教师团队的有力举措,即教师既要有多年的高校执教经验,也要有企业实战工作经验。到目前为止,学校引入了"双师双能型"教师 200 余名,保证学生们能够及时了解社会需要和企业需求,为今后迎战社会职场做好准备。

7.2.4　全校一盘棋,通力协作

为了将"六二四"就业指导体系贯彻到位,青岛黄海学院出台了一系列的方针政策,要求各个二级学院以及各部门落实到位,力求以二级学院全体联动、辅导员全程参与跟踪反馈、就业服务部门通力配合、教务部门积极支持、授课教师精心指导的全校一盘棋工作思路,将创业、就业抓实做好。目前,学校已经取得了骄人成绩。

青岛黄海学院基于"专就融合"的"六二四"就业指导体系构建,是勇于解构固化思维模式、积极建构实效提升体系的大胆探索。其创新之处,在于将

通用求职技能与学科专业深度融合,确保"让每一位学生都成为精英",不漏掉一个学生,更不放弃一个学生。这很好地迎合了学校"院园合一"机制下校企协同育人的基本理念,将应用型创新创业人才培养推向了极致,体现了自身颇见实效的创新、创业和就业一条龙式的实践育人特色。

第8章

"院园合一"机制下高校"聚合新媒体、发展大电商"的创新创业思考　》》》

在电子商务快速发展、电商产业转型升级的新形势下,青岛黄海学院作为应用型高校,秉持"知行合一"校训,基于"院园合一"校企协同育人机制,深入贯彻国家战略,努力提高高等教育服务经济社会发展的能力,对电子商务专业领域发展方向和电子商务人才培育模式升级等问题积极思考,努力探索电子商务专业未来发展的新模式和新路径,并针对目前电商行业的发展态势,本着"先行先试"的创新创业原则,提出了"聚合新媒体、发展大电商"的创新创业建设思路。

8.1 新媒体的界定及"聚合新媒体、发展大电商"的电子商务背景

新媒体是相较于传统媒体而言,在电视、报刊、广播等传统媒体之后发展起来的媒体形态,是利用数字技术、网络技术、移动技术,通过互联网、无线通信网、有线网络等渠道以及电脑、手机、数字电视机等终端,向用户提供信息和娱乐的传播形态和媒体形态。近年来,新媒体定义的发展与电子商务发展的背景联系密切,其内涵和外延都发生了相应的变化。

8.1.1 新媒体的界定

目前,联合国教科文组织对新媒体的定义是"以数字技术为基础,以网络为载体进行信息传播的媒介"(匡文波,2012)。随着电商行业的转型升级,新媒体的内涵和外延也都相应地产生了变化,不仅整合了原有的媒体概念和

手段,并将新媒体的概念与互联网企业和电商产业进行了绑定。市场主流媒体认为,新媒体是电子商务运营必不可少的手段之一。目前,众多互联网企业对新媒体的界定均与电商行业相关联。电商市场中"电商直播"这种新兴电商手段,也在新媒体的定义中有所体现。

总而言之,概念整合后的新媒体指向性更强,专指电商新媒体。虽无权威机构对其内涵进行重新界定,新媒体在消费者市场中却早已不是新鲜的名词,其对电商行业影响之巨大,公众关注度之高,远远超出了市场预期。我们可以说,新媒体早已成为当下社会的热议话题。

8.1.2 "聚合新媒体、发展大电商"的电子商务背景

作为数字经济最活跃、最集中的表现形式之一,电子商务正全面引领我国数字经济发展。随着数字经济的飞速发展,对电子商务人才的需求也呈现井喷趋势。数字经济时代下,电子商务被认为是传统产业转型升级的助推器,而在传统产业升级的过程中,电商发展已经进入下半场,从贸易端开始融入产业端,从产业端早已渗透到了生活中的各个角落。

传统电商产业亟须注入新动能,以实现本领域的产业转型和升级。作为数字经济界领跑黑马的新媒体,自然也成了高校"院园合一"创新创业实践教育关注的对象之一。当前,随着电商行业经济增速放缓,经营方向和模式随之调整。在新媒体异军突起的电商时代,电商人才的需求结构也在发生变化。根据电商特性,电商人才要兼具创新性、复合性和实操性三大特点。单纯依靠高校传统的电商人才培养方案难以满足目前电商市场对人才的需求。商科教育与网络商务融合的校企协同育人模式也亟待吸收新元素和迎接新变化。

随着新媒体对电商行业的快速渗透,我国电商产业陷入了对"新媒体 + 电商"的全民思考中。在此时代背景下,学校"院园合一"创新创业实践探索的眼光将投向"电商与新媒体融合发展助推产业转型升级"上,这是电商产业发展的必然过程,也是高校育人机制发展的自然思索。

8.2 "院园合一"创新创业教育实践视域下对于"聚合新媒体、发展大电商"可行性的几点思考

当新媒体具备越来越多的消费者分析和精准营销等功能的时候,新媒体

和电子商务的融合已经不可避免。这种趋势主要体现在两个方面,一是越来越多的新媒体具备了电子商务的功能,二是越来越多的厂家开始开发自己的新媒体为自己的电子商务平台服务。随着市场电商用户需求个性化和综合化指数的攀升,新媒体在实现流量变现试水后,开始在电子商务领域进行纵深化渗透,遵循着互联网平台化、移动化、智能化的发展方向。未来的新型主流电子商务平台一定是融入了新媒体元素的平台。

8.2.1 应用型高校"聚合新媒体、发展大电商"的平台化支撑

应用型高校可以充分利用云计算、物联网、人工智能、大数据等专业技术,加速电子商务相关专业的平台融合,为"新媒体 + 电商"人才的终端输出做好技术平台的准备。以青岛黄海学院为例,学校在专业设置和人才培养方案设计中,坚持以产教融合、实践育人为理念,早在 2015 年就整合了电子商务、国际贸易、计算机科学与技术等本科专业,成立了国际电子商务学院,接着又在 2018 年 11 月成立了大数据学院。此外,学校先后与阿里巴巴、京东、山东网商集团、青岛市跨境电商协会等紧密合作,保持校企合作的市场化运营模式。在专业配置上,学校打破了原有的学院及专业壁垒,整合了电子商务(含跨境电商)、大数据和市场营销等专业,为新媒体电商提供了充足的资源,形成了优势互补的专业集群,生发了 1+1 > 2 的专业合作效应。这样既为高校"聚合新媒体"提供了硬件技术平台,也为"发展大电商"的市场需求提供了人才储备。

8.2.2 应用型高校"新媒体 + 电商"创新创业的可行性

学校创新创业部门的研究者们敏锐地发现,目前电商市场中越来越多的互联网企业通过各种方式建立了新媒体矩阵、IP、MCN 等机构以及电商直播基地,广泛地利用新媒体要素去推动电子商务的发展。当然,这并不意味着一家公司要涵盖从媒体到电子商务的所有环节。这个价值链依然遵循着专业分工的原则,越来越多的公司会针对其中某一个环节提供服务,比如进行精准营销等专业服务。因此,新媒体和电子商务的融合不仅仅改变了对方,更重要的是,它们创造了一种新的商业机会。电商市场除了电商直播、新媒体矩阵的快速崛起,五花八门的 MCN 机构也在向市场上的电商受众证明着自己精准营

销和孵化变现的能力。上述互联网企业的市场构建可复制性高、可建设性强,有电商资源储备的高校也完全可以做到与企业同等的市场构建。

应用型高校承担着创新创业人才和项目孵化的使命。新的电商平台是融入新媒体元素后的平台,更加强调优质的电商服务和体验效果,而高校在电商人才输出的最后一个环节上,与市场企业相比,有着得天独厚的教育资源,更有能力培育和孵化出技术成熟的电商人才、搭建出技术完备的新媒体电商平台,尤其可以新媒体的主力军"电商直播"为抓手,在高校原有电商专业的基础上快速开发新媒体课程,建立校园 MCN 机构,成立 IP 学生社团,聘用熟知电商业务操作流程、精通新媒体运营的校内教师及校外专家,以师生共建的方式成立校园新媒体电商基地;在保证校内学生专业学习的同时,能在院校的创新创业孵化基地中得到新媒体电商技能的培训,做到校园电商与市场电商的无缝对接、电商新人才的完整输出。在电商发展下半场的竞争中,新媒体电商运营平台的搭建和新媒体人才的孵化是电商战役取得胜利的关键,也是形成大电商格局的必经之路。

8.2.3 "聚合新媒体、发展大电商"的政策环境解读

自《国务院关于促进信息消费扩大内需的若干意见》发布实施后,"拓宽电子商务发展空间"的工作被国家发改委进行了细化阐述。国家对电子商务行业降低准入门槛、合理降税减负、加大金融服务支持及促进就业创业、人才培养培训等方面都做出了规定,而各级地方政府也根据文件的内容制定了助推当地电商发展的政策及意见。2018 年 3 月 31 日,十三届全国人大常委会第五次会议表决通过《电子商务法》。自该法 2019 年 1 月 1 日实施以来,互联网市场及各主流媒体均认同新媒体电商和电商直播隶属于电子商务范畴,依法受到《电子商务法》的约束和保护。

新媒体的建设,在搭建平台、储备人才的同时,对推进新媒体电商发展的各种新要素都要保持高度的敏感性。我们在研究过程中发现,作为新媒体电商重要组成部分的电商直播,其当前的发展也得到了国家层面的关注。国家统计局主管的互联网行业市场信息调研成员单位"艾媒咨询"的资料表明,电子商务范畴包含了电商直播,受《电子商务法》的约束,相关经营主体必须办理合法的营业执照并承担应尽的义务。该法律条文规范了电商直播行业的活

动,同时也对电商行业整体上向着更为健康、更为有序和更为高效的方向发展起到了促进作用。

目前,电商市场中的政策均有利于"聚合新媒体、发展大电商"的建设思路,行业的有序发展离不开政策的扶持及保护,同样,行业的发展也要抓住有利的市场政策环境,在合规的范围内,以时不我待、开拓进取的精神,积极探寻电子商务发展的路径及空间。

8.2.4 如何看待新媒体电商中的电商直播

电商直播是新媒体电商中不可忽视的一个关键词。据了解,浙江义乌一高校已于2019年率先开设了电商直播课程,学生在成立的工作室里实际体验当主播、做运营等流程,指导教师为获取切身体会还特意去做淘宝主播。各方面的数据表明,直播产业成了年轻人争相选择的"热门",激发了其创新创业意识,也极大地带动了就业。大家对于电商直播猛烈发展的势头有目共睹,也应看到高校的举措多少会受到其庇护式的影响。高校紧跟电商直播的潮流,让学生学习相关的课程实属明智之举。虽然开设方式及学习模式有待于进一步商榷,但随着电商直播市场规模的日益扩大,直播将更娱乐化地打开新营销的缺口,并即时性地借助一定手段来实现产业经济指数的梯度式增长。相关数据显示,淘宝平台直播带货在2018年度超过了1000亿元,同比增长翻了四番之多,可以说是在创造着全新而可观的高增量市场。实践已经证明,电商直播正在成为当今常见的售货变现窗口。

此外,进入淘宝直播的播客人数较之以前有了较大幅度的增长,年龄也从"60后"跨越到了"00后"。其中,"90后"的占比最高。可见,越来越多的人加入了互联网电商直播"红利"的抢夺大战中。清晰可见的是,电商直播进入了爆发期,直播市场也由最初的泛在化参与进入了猛料式比拼的阶段。有数据显示,接近70%的相关从业者最高月收入趋近于万元,近60%的人却考虑着转行。由此也可看出,电商直播虽然在就业模式上为各行业创造了人人参与的机会,但入职入行之后,就得看播客们的真才实学发挥的程度了。

学校在洞察了以上市场动态的同时,对直播带货的看法逐渐与主流媒体和市场专家趋于一致。教会学生如何在电商市场中分一杯羹,掌握新媒体电商运营的配套流程,是作为研究人员的我们对于学校主体教育的再补充。我们将直播带货作为新媒体电商的一个环节,有必要让学生清楚和掌握这一环节的运营规律及流程,提高电子商务毕业生精准服务目标客户和有效服务行业及市场的能力。

作为高校携领学生进入电商领域的敲门砖,一系列的电商直播教学理应瞄准如何让学生稳扎稳打地获得长效发展的目标。如果说成功有捷径,互联网的飞速发展更是为造就一夜爆红的神话创造了先机。但我们的学生看到的更多的往往只是成功者外在的光鲜,而忽略了其背后流淌不止的汗滴。主播们之所以能够一呼百应,多是因为他们自强不息的精神和多年打拼的经验积累。当然,必要的渠道和技巧也极其关键。由此,高校务必明白,无论何时何地,技能型人才的培育和孵化,虽然占尽先机可以使其一夜成名变成现实,但离开了专业知识的强大支撑和市场运营的精耕细作,一切都是空谈。

随着新时代的发展,应用型人才的培养成为高校构建创新型教育模式和实践体系的航标指向。不能否认的是,电商直播作为目前市场中较为火爆和具有较大增值空间的产品营销模式之一,其实践平台育人的本质丝毫未变,依然在于教育理念的现实化落地和实践动能的接续性积淀。希望在下一个酝酿成熟的风潮到来之时,各大高校已将此平台化运营技能普及课堂内外,而不是作为一时的权宜之举。

8.2.5　院校企业多方联动,以创新创业工作带动新媒体电商的孵化

2015 年,国务院办公厅颁布了《关于深化高等学校创新创业教育改革的实施意见》。当前,以实践促进技能,以创业带动就业,加强学校和市场企业的联动,通过多方合作、共同孵化来削低学生和人才的就业门槛,实现教育市场与经济市场的无缝对接,正成为高校的共识。高校内多专业、多学科、多人员的发展,使得高校在经济新常态的形势下迫切需要为学生找到更多更优质的就业出路。

作为就业市场的新生力量,新媒体电商在 20 世纪 90 年代的市场中以星星之火迅速燎原后,虽然引起就业各方的关注,但很多高校都在考虑其建设发展的通路上举棋不定:是在专业建设上另辟蹊径成立新媒体专业,还是整合电子商务及其他相关专业,对学生进行新媒体电商培训?对此疑问,其实社会主流媒体和学术界给出了较为稳妥的答案。媒体和学术界普遍认为,新媒体电

商作为一种互联网引流的手段,其本质是传递商品信息,提高顾客让渡价值,让产品受众获得更好的客户体验。通俗地说,新媒体电商是沟通产品和客户的商业手段,流量变现是其目标,商业性是其本质。就目前市场而言,它极其具有商业价值,并以惊人的速度持续冲击着传统电商的运营模式及市场份额;而它的出现也改变了社会当中相当一部分人的就业模式,给很多求职者带去了创业的希望,甚至很多人放弃原有工作,加入新媒体电商创业的大潮中。但是,新媒体电商毕竟是电子商务的延伸和产品市场营销的手段,大张旗鼓地鼓吹新媒体电商救世不可信,建立新媒体专业也必须对其市场发展有充分预判并能准确估算其经济增长价值,另外还要看其在市场中的生命力。

综上所述,在国家新常态经济形势下,我国正朝着人才培养全面化和综合化的目标和创新产业的道路而去,新媒体电商作为一种新兴的商业手段,完全可以在高校创新创业部门中得到孵化和规整。高校创新创业部门是学校构架在人才市场中的前沿阵地,承担着人才培养孵化最后一个环节的工作,既可以对新媒体电商人才进行有效的孵化输出,也可避免高校因专业设置相仿而产生的教育资源浪费。最为有利的是,创新创业基地作为高校教育及职能部门,可充分调动校内部门和校外各方企业共同参与新媒体人才培育的积极性,以创新创业实践工作室为主战场,以整合校内外资源为抓手,多方联动,共同打造新媒体电商孵化的平台。学校要在保证创新创业教育实践落地性的同时,抓住时代机遇,实现"融合新媒体、发展大电商"的创新创业新目标。

第 9 章

工作室视域下第二课堂创新发展模式研究 ﹥﹥﹥

随着经济的发展、时代的进步,大学传统的教育教学模式已经不能完全适应时代发展的要求。现代大学生不仅要有扎实的知识,更应该有创造性的思维。高校不断开展第二课堂作为新的教育模式,越来越受到广大师生的认可,为高校的教育发展提供了有力支撑。习近平总书记在全国高校思想政治工作会议上强调指出,"要更加注重以文化育人,广泛开展文明校园创建,开展形式多样、健康向上、格调高雅的校园文化活动,广泛开展各类社会实践"。习总书记的重要讲话为高校在工作室视域下开展第二课堂建设指明了方向。

青岛黄海学院为了进一步完善人才培养体系,更好地服务学校"培养适应地方经济社会发展一线需求,理论基础实、专业能力强、具有较强的社会责任感、具有创新创业潜质和国际视野的高素质应用型人才"的培养目标,结合学校工作实际,制定了《青岛黄海学院本科学生"第二课堂成绩单"制度学分认定办法》,规定2019级及以后入学的学生必须同时完成人才培养方案规定的课程学分和第二课堂学分方可毕业。学校依托第二课堂成绩单网络管理系统"到梦空间"建立青岛黄海学院第二课堂教育平台评价体系,将符合要求的第二课堂活动认定为第二课堂教育平台项目,学生参加项目达到要求,可获得相应参与记录、第二课堂教育积分、荣誉称号及奖项等,并计入"第二课堂成绩单"。

9.1 第二课堂创新发展模式

社会的不断发展,对人才的培养提出了更高的要求,高校开展的第二课堂成为培养学生全面发展的重要阵地。这就更要求高校加强第二课堂的建设，完善管理机构、制度体系的建设，建立起行之有效的保障评价机制，促进第二课堂的有序发展。

9.1.1 转变观念，建立第二课堂管理评价体系

有些高校虽然陆续开展了第二课堂的教育，但并没有给予足够的重视，没有将第二课堂纳入教育教学管理当中，没有给予第二课堂应有的地位，没有从根本上对学校第二课堂的开展进行具体的设计。

青岛黄海学院由分管学生工作的校领导为主要领导，由与学生工作相关的各部门共同参与，统一领导，统一协调各项工作，组织建立起领导制度，建立健全第二课堂的各项规章制度，做好日常工作，将第二课堂纳入人才培养体系中，给予第二课堂和第一课堂同样的地位，统筹兼顾，做好服务保障，为第二课堂的开展提供有利的环境，促进学生广泛的参与。

做好第二课堂的评价体系建设，对学生参与第二课堂的情况做好真实客观的记录，对学生的综合能力进行评价并形成评价报告，保证学生参与第二课堂情况评估的正确性、公正性，形成公平、公正的评价体系，并建立奖励机制，可以更好地促进第二课堂成为学生自我价值实现的途径。

9.1.2 与时俱进，开展形式多样的第二课堂活动

随着数字经济的发展，"互联网＋"时代的到来和网络新媒体技术的推广应用为高校开展形式多样的第二课堂活动提供了技术支撑，也给学生活动提供了便利的条件，能够更好地发挥学生的主观能动性。充分运用"互联网＋"的教育平台，坚持与时俱进，增强第二课堂的时代感，利用多元化的网络内容，借鉴优秀的可操控的多元化的内容，能够增强学生第二课堂知识学习的丰富性和趣味性。

高校应以学生为主体，注重发挥其自主性，开设学生有兴趣参加的第二课堂活动，根据不同社团、专业分类指导，使得每个社团、专业都有特色活动，不断丰富活动内容，从中挑选出适合学生发展需要的第二课堂活动，打造成专而精的品牌特色活动，满足不同学生的个性化需求，让每个学生都能发挥自己的才能，培养自身兴趣，从而达到全面发展。

学校需注重开展社会实践活动,通过开展志愿服务、三下乡活动等,丰富第二课堂的活动形式,形成理论与实践相结合的体系,提升学生的实践动手能力;通过撰写参与实践活动的心得体会,开展分享活动,形成学生实践经验相互分享、相互学习、共同提高的氛围,并建立合理的评估机制,从而促进第二课堂活动的开展。

9.1.3　博采众长,加强第二课堂师资力量建设

学校应组建优秀的教师团队,打造高职称、高学历和精通专业的师资队伍。高校开展第二课堂活动,可以吸纳这些教师参与指导,丰富师资队伍,专职和兼职相结合,并考虑加强对指导教师的培训,增加各类培训、交流、研讨的机会,使他们能够拓展思路、相互学习,借鉴其他教师成功的做法,提高自身业务水平。

学校也可以采用专业导师制度,让每名专业任课教师作为专业学生的导师,参与其成长过程,以强化第二课堂教学环节,更好地发挥出时效性。

另外,学校还可以积极聘请一些成功的企业家、校友、社会学者等,组成校外师资队伍,利用大讲堂、交流会、报告会等形式和学生进行交流,让更多的社会资源融入第二课堂的教育当中,增长学生的见识。

9.2　第二课堂育人模式创新路径提升探索

第二课堂的创新发展,要关注学生主体性与积极性的培养,以学生为中心,结合学生自身的兴趣爱好,基于学生的身心发展需求,为学生创建具有时代特征、典型特色和育人意义的教育活动,促使学生以饱满的热情积极主动地参与学习,在因材施教过程中提升学生的综合能力。

9.2.1　红色文化育人,加强爱国主义教育

高校是培养人才的基地,大学生是国家未来的栋梁,如何培养好大学生的思想素质,关系到国家和民族的未来。习近平总书记在纪念五四运动100周年大会上指出:"新时代的中国青年要听党话、跟党走,胸怀忧国忧民之心、爱国爱民之情,不断奉献祖国、奉献人民,以一生的真情投入、一辈子的顽强奋斗来体现爱国主义情怀,让爱国主义的伟大旗帜始终在心中高高飘扬!"

高校在第二课堂实施过程中,要加大爱国主义教育,深入学习习近平新时代中国特色社会主义思想,培养学生正确的世界观、人生观和价值观。通过第二课堂,组织重大节日、重大历史纪念日等教育活动,如五四青年节、建党节、国庆节、抗日战争胜利纪念日等,让更多的学生参与到铭记历史、以史为鉴、开拓创新的活动中来,对学生进行广泛的爱国主义教育和民族精神的培育,使思政课程更生动、更形象、更贴近学生的内心,更具有说服力。

学校可举办弘扬爱国主义和雷锋精神的讲座、讲堂等,聘请专家、学者和英雄模范人物来校讲座,因为他们的理论更有高度,研究问题更有深度,或者本身就是一部爱国主义案例,通过结合当代中国面临的危机和机遇,能够使学生感到亲切,从内心深处自觉接受教育,继承和发扬中华民族的爱国传统,培育民族精神。学校也要广泛开展读书活动,因为一本好书带来的影响是巨大的,甚至能够影响人的一生。学校应倡导学生多读书、读好书,多读爱国主义的书,多读富有民族精神的书,让学生从书中认识历史、认识社会,从书中吸取爱国主义的精神营养,激励自己成为一个爱国主义者,为国家富强、民族振兴贡献力量。

9.2.2　国学文化育人,弘扬传统文化教育

习近平总书记指出:"优秀传统文化是一个国家、一个民族传承和发展的根本,如果丢掉了,就割断了精神命脉。"随着经济的发展、改革开放的深入,各种社会思潮涌现,各种观念相互交织,迫切需要使中华优秀传统文化成为时代的主旋律,让中华优秀传统文化所蕴含的丰富思想内涵、人文精神深入到大学生生活当中。

中华文化传承至今,历史悠久,内容丰富。学校要弘扬优秀的传统文化,加强对大学生进行传统文化教育,将优秀的传统文化教育融入第二课堂的体系当中。首先,高校可以面向全体学生开设国学文化讲座、国学基础课、国学特色课,让更多的学生加入传统文化学习当中来,扩大学生的知识面,满足不同层次的学生学习传统文化的需要。其次,高校可以组织形式多样的传统文化讲座以及重大传统节日活动教育,如二十四节气由来,端午节、重阳节、中秋节等节日风俗教育。再者,学校的文化建设也可以与中华优秀传统文化相结合,让学生在校园文化建设活动中具体感知、认可、践行中华优秀传统文

化。最后,学校需组织形式多样的学生社团,引导学生兴趣,展示传统技艺,养成高雅爱好,由学生主动去发现和挖掘中华传统文化的瑰宝。

9.2.3　校企协同育人,推进创新创业教育

高校是培养高素质创新型人才的主要渠道。2012 年,教育部发布的《教育部关于全面提高高等教育质量的若干意见》中明确提出"把创新创业教育贯穿人才培养全过程"的要求。"大众创业、万众创新"已深入大学生当中。加强第二课堂创新创业教育,能够培养和提升学生的创新创业能力,提高大学生的综合素质。

高校推进创新创业教育要构建协同育人的机制,从理论教育与实践教学体系结合、创新创业能力等方面构建新的创新创业教育模式,完善应用型综合实践平台,将创新创业教育融入专业培养的全过程,还应开设创新创业教育课程,覆盖全体学生,从而达到培养创新人才的要求。高校需鼓励学生参与"互联网+""创青春"等创新创业类大赛,通过参加大赛、获取专业资格证书等提升学生专业知识水平和科技创新能力。通过成立创业导师库,高校可构建创新创业导师队伍,利用企业家、优秀创业者、创业协会等给创业的学生提供全方位的创业服务,开展创业实践活动。通过建立创新创业档案和成绩记载系统,高校可对学生的创业实践进行动态管理并作出客观评价。更见成效的是,高校通过实施师生同创工作室制度,按照专业建立各种工作室,以现实企业项目和工作任务为驱动,打造出线上线下相结合的创业模式,更好地促进了第二课堂的开展。

9.2.4　区位优势育人,促进影视产业发展

2017 年 10 月 31 日,青岛被授予"电影之都"称号,成为联合国教科文组织批准的世界上第 9 个电影之都,也是中国唯一的电影之都。世界上最大的影视产业园区东方影都也落户青岛,规划建设 45 个摄影棚以及后期制作中心、IMAX 全球研发中心、电影博物馆等,吸引了全球更多的电影公司纷纷来此拍摄制作。

得天独厚的区位优势,为青岛黄海学院开展相关的影视合作提供了便利条件。校企双方通过加强合作,共同探索打造专业化影视集群,实现了专业优

化和资源共享,从而为培养高素质人才提供了更为广阔的平台。目前,学校已陆续和青岛东方影都融创影视产业园、青岛麦地影视文化传媒有限公司等签订了合作协议,共同打造影视类人才培养新高地,为校企双方和社会带来更大效益。学校优美的校园环境,吸引了《创造营》《宣判》《中国大船》《希望岛》《燃!沙排少女》等影视作品制作团队来校取景拍摄。

学校以"星光影视协会"为依托,陆续参与影视剧的参演活动,特别是参与了《封神三部曲》的拍摄,共达 1 600 余人次。学校还邀请剧组的导演、制片人分享了许多他们多年来在影视创作方面的经验,剖析了中国影视行业现状并从制片方的角度分析青岛影视基地较之我国其他影视基地的优越性。另外,学校通过邀请浙江传媒学院元彬教授来校交流,在影视专业人才培养方向、学生职业规划、理论与实践能力培育等方面获得了较多的指导性建议。

第10章

"院园合一"机制下基于工作室的"上领内协外合"的创新创业管理服务体系构建 >>>>

  创新是国家经济长远发展的不竭动力,创新创业教育是创新驱动发展的前提和根本。国家创新发展对人才的需求将高校人才培养推上了风口浪尖,高质量人才培养是国家发展赋予高校的重要使命。《国务院办公厅关于深化高等学校创新创业教育改革的实施意见》(国办发〔2015〕36号文件)中指出:"深化高等学校创新创业教育改革,是国家实施创新驱动发展战略、促进经济提质增效升级的迫切需要,是推进高等教育综合改革、促进高校毕业生更高质量创业就业的重要举措。"党的十八大对创新创业人才培养作出了重要部署,国务院对加强创新创业教育提出了明确要求。

  对于应用型本科院校而言,顺应国家的发展趋势,满足国家对创新应用型人才的需求是义不容辞的责任。文件中指出,高校普遍创新创业教育理念滞后,与专业教育结合不紧,与实践脱节;实践平台短缺,指导帮扶不到位,创新创业教育体系不健全。深刻认识到从上而下贯彻落实创新创业教育改革和发展精神,结合区域经济特点做实创新创业教育实践是当下重中之重,构建完善的创新创业管理服务体系是有效推进创新创业教育改革和教育实践的有力保障。青岛黄海学院自身以创业起家,建校以来,充分发挥民办本科高校的灵活体制优势,大胆尝试,创新进取,优化利用地方资源和优势,自2009年以来更是借行业发展的档口契机,与阿里巴巴展开校企合作,实施实训式创新人才培养。学校2014年大步迈出创新创业创客的步伐,在全校范围内铺展开创新创业教育,形成了独具特色的"四三二一"创新创业教育系统,在全校对创新创业教育改革的高度认同的基础上,构建了"上领内协外合"的创新创业管理服务体系,为全校的创新创业教育和实践工作的开展掌舵护航,使学校的"双创"成果和实践经验在区域范围内起到了很好的示范引领作用。

10.1 打造"一把手"系统工程,统领全校创新创业工作

创新创业工作是高校质量发展的突破口。全校形成合力,整体辐射,感应推动,高层领导的决策力和领导力发挥了核心作用。只有高层高度重视,对创新创业工作有切身体验认识,才会有具体工作的落地实施。青岛黄海学院就是基于自身的创业办学历程,从高层到各级领导切身体会到了创新创业给教育改革和学校高质量发展带来的驱动力。学校将创新创业作为一项系统工程和"一把手"工程来抓,从顶层设计到基层落实体现了指导性、整体性和连贯性,彰显责任落实,体现成果实效。

为了加强对学校创业工作的领导,学校于 2014 年 10 月正式成立大学生创业指导委员会。同时,为进一步促进创业活动及相关工作的协调开展,学校还在学生中成立了大学生创业者协会,配合指导委员会进行工作。2015 年,为搭建软件环境,提升创客服务平台,学校又成立创客学院。创客学院以大学生创业孵化基地为基础,统筹全校各专业创新创业教育、创业基地建设、创业导师培养、创业政策扶持与市场开发,以项目实施为平台培养学生的创新创业能力,提供创业指导服务,达到了创新创业项目落地的实效。为了进一步加强学校的创新创业教育工作,建立创新创业工作协调机制,学校 2016 年成立"创新创业教育工作领导小组",由校长任组长,分管校领导任副组长,二级学院(部)和职能部门为成员。领导小组负责领导、组织、协调和指导全校的创新创业教育工作。领导小组下设办公室,挂靠创客学院,负责统筹协调和监督落实全员的创新创业教育各项工作。2017 年 6 月,在进一步加强学生"双创"教育工作、建立学生创新创业工作协调机制的基础上,学校下发《关于组建成立创新创业教育学院的通知》,以更好地统筹校内外资源,做好协同育人工作。《青岛黄海学院"十三五"发展规划》更是体现了学校高层对"双创"工作的领导思维。规划中重点强调强化创新创业教育,坚持创新融入专业、创新引领创业、创业带动就业,将创新创业教育改革作为学校综合改革的有效突破口,改革人才培养机制,完善创新创业教育平台,形成了具有学校特色的创新创业

教育服务体系,瞄准了不断增强学生创新精神、创业意识和创新创业能力的目标,其中一项主要措施为"以制度体系的顶层设计推进创新创业教育改革"。

2015年是学校创新创业教育发展的里程碑。在学校创新创业教育工作领导小组的统筹规划下,学校将创业园与专业学院统一建制,数字经济创新创业产业园与国际商学院合一、大学生科技园与智能制造学院合一、影视产业孵化城与艺术学院合一,形成三园区与专业学院对口,实施"院园合一"机制下基于创新、创业、创客的校企协同育人和实训式人才培养模式,联合推进办学发展体制创新、育人实践平台创新和校企合作育人创新的发展格局。创新创业实践教育依托工作室新型载体,使得师生同创、企生共创和学生自创成为基本的"双创"实践教学单元模块,在育人效益和经济效益方面取得了良好成效。这一"双创"教育格局的构建,也促进了全校各部门的联动施能和协同发展。

10.2 院部协同,营造"双创"育人环境

创新创业教育的改革发展赢得的是顶层智谋,倚仗的是各级部门的协同施能。在学校"双创"育人高层机制的搭建下,各部门自然形成了联动协调机制。

10.2.1 各职能部门协同施能

创新创业教育学院联通各职能部门和各专业学院,师生员工全员参与,改革人才培养机制,全面落实《青岛黄海学院创新创业教育改革实施方案》,在教学工作部的指导下改革教学方法和考核方式,不断完善创新创业课程体系,形成了由创业类基础课程、青岛区域特色创业课程和专业创业类课程组成的创业教育模块。学校通过项目立项的形式,结合专业,着力打造了"专创融合"在线开放课程和重点培育课程,重点打造"创业基础"社会实践类省级一流本课课程。课程开设体现行业特点,在专业教学中融入创新创业思维和方法,渗透创新意识和创业精神,促进学生创新创业实践能力的提升。同时,学校将创新创业教育与学分挂钩。创新创业教育学院与教学工作部合力出台了《青岛黄海学院创新创业学分认定管理办法》,设置创新创业学分,建立创新

创业学分积累与转换制度。两部门共同审核评定学生在创新实验、技术研发、发表论文、获得专利、竞赛成绩和自主创业方面取得的成果,创新创业学分等量置换相关课程学分。这样给予学生充裕的时间参与创新创业实践,有效激发了学生的创业激情。学校遵循有利于促进学生创新创业的指导原则,修订学生学籍管理的相关规定,推进本科生弹性学制,放宽学生修业年限,允许调整学业进程,允许保留学籍1～2年休学开展创新创业。

创新创业教育学院与就业指导中心协同推动专业学院的专创融合和校企合作工作,以创业园为平台,以工作室为载体,基于专业建设,依据区域经济对人才的需求结构,引入优质企业资源,校企共建专业,共建特色班,过程共管,人才共育,充分展现了"院园合一"机制下工作室的育人效果。

为有效提高师资队伍建设和教师的创新创业实践教学能力,创新创业教育学院与组织人事部达成共识,着力培养"双师双能型"师资队伍,鼓励教师在专业相关企业挂职锻炼,专业实操,实现理论与实践的零距离对接,强化教师的专业实践指导能力。学校细化新教师招聘岗位资格条件,将行业企业任职或兼职经历作为招聘相关专业教师和创业导师的必要条件。学校加强校外兼职创新创业导师队伍建设,在组织人事部指导、创新创业教育学院执行、领导小组审核的一系列程序下,严格选聘知名专家、创业成功者、企业家、风险投资人、技能大师等各行各业优秀人才到校兼任创新创业导师,组建学校创新创业教育导师库,为学校的创新创业教育引入行业智囊。同时,为规范管理兼职创新创业教师的教学和指导工作,组织人事部制定了《青岛黄海学院创新创业兼职导师暂行管理办法》。

更为重要的是,为让全员认识创新创业工作在全校质量提升中的重要作用,参与到创新创业工作中来,学校建立健全了教师创新创业激励机制,不仅将创新创业教育业绩纳入教师考核和晋升相关管理文件中,制定了《青岛黄海学院创新创业工作教师绩效考核制度》,还在相关评优评先中加大了对创新创业优秀师生的倾斜力度。学校完善教师工作成果认定办法,将教学成果与科研成果同等对待,将创新创业教育成果与专业领域业绩成果同等对待。比如,由于省级及以上大学生创新创业训练计划项目(简称"国创项目")的学生数占在校生总数比例以及年度同比增长情况,被列为山东省本科高校定量考核指标一级指标"师资队伍建设与人才培养"中二级指标"学生获奖情况"下的重要考核内容,同时也成为本科教学基本状态数据采集指标之一,因而学校除了将教师参加"国创项目"指导纳入全校绩效考核体系外,还将"国创项目"指导纳入教师职称申报评审和分级聘任正常晋升资格条件及聘期目标之中,以此提高教师参与"国创项目"指导的积极性。

为提炼学校的创新创业教育成果,进一步加强创新创业教育理论实践研究,推动产学研用协同,创新创业教育学院协同科研服务部进行了三期青岛黄海学院创新创业教育专项课题申报,结合学校发展实际,积极探索创新创业教育的特点、规律和对策,努力使创新创业理论研究和学校教育教学改革发展相一致。在科研服务部的指导下,学校先后共立项76个创新创业专项课题。学校现已形成完善的创新创业科研管理服务体系,为全面呈现学校的"双创"教育和实践经验,推动创新创业教育成果转化提供保障。

充足的专项资金是保障创新创业教育开展的基础资源。学校设立了创新教育、创业指导服务工作专项经费,印发了《青岛黄海学院关于大学生创业资金扶持政策的通知》。在财务部的指导下,学校专列《青岛黄海学院创新创业专项资金预算》,进行经费科学预算和规范划拨,在全校范围内支持"双创"工作,对创新创业工作的开展起到了激励作用。

10.2.2 专业学院通力熔炼

专业学院在创新创业工作中是主要的实施单位。它们在创新创业教育学院牵头下,积极配合并有序开展各项工作,致力于强化创新精神和文化的育人载体建设,高效提升创新创业实践成果。为激励和支持推动二级学院开展创新创业工作,创新创业教育学院积极引导、扶持各专业学院的大学生创新创业,实现创新创业教育和服务全覆盖,全面助项目、推典型,挖掘扶持优质创客。学校建立专业学院创新创业工作考评机制,创新创业大赛(全校创新创业大赛都由创新创业教育学院归口管理)、创新创业培训、创新创业服务指导、创新创业校外导师库建设、创新创业平台建设、大学生创新创业计划训练项目和创新创业教育成果均纳入二级学院的考核体系。在创新创业教育工作领导小组的指导下,创新创业教育学院围绕着具体内容部署并落实各项工作,按年度进行实效考核,在全校形成了浓郁的创新创业文化氛围。各专业学院均能高度重视,基于专业通力熔炼更具创造性的核心成果。

在创新创业工作的开展进程中,创新创业教育学院发挥了具体实施主体的作用,各二级部门在各个"双创"工作要素环节中则发挥出职能协同作用,助力各项具体工作的开展,构建了具有学校特色的协同联动机制,形成了高效、紧凑的运行闭环,营造了良好的"双创"育人环境。

10.3 政企引领,合力助推"双创"实践

创新创业管理服务的体现不能仅靠高校单打独斗,缺少了政府和企业的参与,创新创业将难以实现专业化、市场化,创新人才培养将无法与市场经济接轨。学校自大力推进创新创业教育改革以来,积极与政府、行业、协会和企业对接,形成了学校主办、政府主导、行业指导、企业引领的内部协同与外部贯通合力增效系统,助推了"双创"实践工作。

在青岛西海岸新区政府的支持下,学校和政府共同建设西海岸大学生网上创业园,落实上级政府"双创"文件精神。政府在创业园管理制度建设、运行和政策支持方面给予了关键性指导,制定了《青岛西海岸大学生网上创业园建设实施意见》,为创业园的实体入驻和实体孵化、实体管理考核提供了制度保障,同时,落实政府"双创"扶持资金32万元。在政府指导和企业参与下,2018年在西海岸大学生网上创业园的基础上,学校成功获批山东省"省级大学生创业孵化示范基地",获得政府创新创业补贴资金300万元,为创新创业实践平台建设带来了更具潜力的机遇,也带来了运营支持资金。市、区政府在创新创业政策解读、创业咨询、公司注册、指导培训跟踪、创业融资、项目路演、创业风险、法律咨询等方面提供了大力支持。学校在政府"双创"政策支持下完善了《青岛黄海学院大学生创业孵化基地管理暂行办法》,规范了创业实体准入准出制度、日常管理规章制度、过程监督制度、创业服务基地服务的评价制度和后续跟踪服务制度。

企业参与是搞活创新创业工作的重要激发因素。基于专创融合的校企合作给专业实践教学带来了思路,给师生同创工作室带来了创业新鲜血液,激活了创新创业实践运作模式。企业、孵化基地和专业学院共同建立校企共育创业实训管理制度,在创业实操中校企同时对创业活动和创业主体进行监管,以

扶持创业项目和培养创业素养为目的,在创业实训中既为学生提供创业环境和大量的创业资源,又为学生的创业活动引入了企业专业化的项目培训与指导。企业沙龙、企业经验分享、项目路演指导等一系列服务活动为学生的初创团队和公司营造了一个商业圈氛围。在这片创业营养沃土上,创新创业的种子不断萌发。校企共建"思学助创资金",制定《青岛黄海学院思学助创资金使用方案》,为学生的创新创业提供了一定的资金支持。学生在"双创"实践过程中,提前感受到企业运营的管理体制,习得了专业实操技能,也提高了专业素质,增强了创新精神、创业意识和创新创业能力。校企搭建商业管理的人才梯队,学校提高了应用型人才培养质量,校企合力实现双赢。

在推进创新驱动、追求人才培养质量、提升教育发展之路上,"院园合一"机制下的工作室制人才培养模式是实现质量目标的创新之举。构建"上领内协外合"的创新创业管理服务体系,结合区域产业特色实施创业孵化管理服务,为实现创新引领创业、创业带动就业,推进专创融合、产教融合提供了机制保障。青岛黄海学院在创新创业实践历程中大胆尝试、锐意进取且敢创敢为,已形成了以特色化驱动内涵发展的创新创业管理服务体系,"双创"成效显著。

第11章

工作室载体下以能力为导向的高校服务外包人才培养创新模式研究 >>>>

随着我国成为全球第二大离岸服务外包承接国,人才短缺成为服务外包业迅猛发展的突出瓶颈,既存在绝对数量上的人才缺口,也存在结构性高端服务外包人才短缺。如何创新服务外包人才培养模式,大批量培养适用人才,培育高端服务外包人才已经引发全社会的关注。培养服务外包的高等应用型专业人才是市场的需求,也是高等院校的任务。作为山东省服务外包人才培训机构的青岛黄海学院,抓住了青岛市建设中国服务外包示范城市并大力发展服务外包产业的机遇,基于工作室实践载体,着力于以能力为导向的服务外包产业人才培养,不断完善办学软硬件设施和各项管理制度,且创新了服务外包人才培养模式。

11.1 我国服务外包产业发展现状及趋势

服务外包是以互联网信息技术为支撑的新兴服务业态,涵盖信息技术外包、业务流程外包、知识流程外包三大领域,具有科技含量高、国际化程度高、增长空间大、产业带动强、吸纳大学生就业空间广阔、资源消耗低、环境友好性强等特点,成为近年来我国鼓励发展的重要产业。

11.1.1 服务外包产业结构明显优化,价值链呈现向高端跃升态势

近年来,基于云计算、大数据、人工智能的服务外包交付模式变革、数字化转型升级、平台快速发展,促进服务外包产业结构进一步优化,知识流程外包快速上升。随着中国外包企业创新能力、服务能力、服务质量不断提升,服

务外包不断向核心业务拓展,承接高端增值服务的外包业务日益扩大,推动了信息技术外包、业务流程外包和知识流程外包三大业务领域不断向研发设计、数据分析和挖掘、整体解决方案、系统设计服务高端价值链拓展。

11.1.2 "一带一路"沿线新兴市场成为服务外包增长的新引擎

多元市场促进产业新格局。美欧日等发达国家和地区是我国服务外包传统的主要国际市场。随着"一带一路"倡议的实施和我国传统产业尤其是制造业的转型升级,"一带一路"相关国家服务外包业务加速释放,在岸市场规模快速增长,中国服务外包产业有望形成发达国家、新兴国家和国内市场三位一体的产业新格局。随着我国与沿线国家的经贸、投资及互联互通进一步加速发展,"一带一路"正成为新时代我国服务外包重要承接来源地和服务外包提质增效的新动力源泉。据中国服务外包研究中心研究,我国与"一带一路"沿线国家服务外包业务应深化七大领域合作,分别是信息技术运营维护和工程技术服务,供应链管理服务,检验检测服务,云计算、数据处理分析和电子商务平台服务,软件开发和技术服务,工业设计和 IC 设计服务,医疗和医药研发服务。这些领域未来有可能成为我国与"一带一路"沿线国家服务外包业务合作的主要领域。

11.2　高校服务外包人才培养现状

服务外包在拉动就业、改进人才结构方面贡献突出,但目前在人才方面仍面临严峻考验。虽然每年服务外包从业人员不断增长,但服务外包产业中急需的中高端人才缺口仍然很大,严重影响了我国企业承接国际服务外包的能力,尤其是影响了承接高端价值链业务的竞争力。这一问题长期未能很好解决,成为困扰服务外包产业发展的主要瓶颈。当前,高校服务外包人才培养主要存在以下几个问题。

11.2.1 人才培养目标存在偏差

服务外包人才是指具有强烈的跨界思维意识,具备跨专业、跨行业的职业知识及技能,掌握服务外包商务礼仪,具备良好的服务意识及抗压能力,在服务外包工作领域中,具备外语以及跨文化交际、协调能力,为客户提供技术、服务或解决方案的跨界融合型高素养技术技能人才。高等教育基于分科教学的传统,注重教学的学科体系,服务外包企业以跨学科问题解决为工作中心。两者的差异不仅体现在知识内容差异上,而且体现在对知识内容的使用及思考路径的差异上。如果不主动转变教学模式,很难有效培养以解决问题为中心的复合人才。许多高校教学内容与企业需求严重脱节,专业课程设置无法适应市场对人才的知识结构及工作能力的需求,导致服务外包企业难以从现有高校毕业生中直接选到有用人才。

11.2.2　专业师资教学难以紧跟市场需求

我国服务外包产业起步较晚,高校对服务外包产业的研究不够深入。课程设置与教师技能培训方面无法结合业务需求去调整,师资知识体系老化,无法与企业相联系。高水平服务外包师资队伍的缺乏,使学校服务外包专业得不到改善,课程模式无法创新。高校服务外包方向专业人才培养的最终目的是服务企业,为企业运作服务。这就要求高校培养的服务外包人才掌握相关行业的专业技能,具备相关行业专业素养。但是,一方面,当前服务外包方向行业发展瞬息万变,新模式新技术层出不穷,另一方面,高校教师日常教学任务繁重,没有充足的时间和精力开展行业调研。这些因素使得高校专业教学内容难以紧贴市场变化,人才培养难以符合市场需求。

11.2.3　人才培养实践欠缺

服务外包人才是复合型人才,不仅需要掌握外包行业专业技能,还需具备外包行业综合职业素养。由于学校层面的教育与外包企业的实际要求存在一定差距,所以外包企业招聘的大学生都需要进行 6～12 个月不等的培训,培训成本较高,成为中高端人才更是需要 3～5 年的持续培养。高校培养的服务外包人才缺乏操作经验。一方面,由于缺乏政策支持,外包企业对于校企合作缺乏热情,积极性不高。另一方面,高校受限于人才培养观念转变,往往只重视课堂教学,忽视企业项目实践,使得服务外包人才培养过程中企业实践欠缺。

11.3　创新服务外包人才培养应对策略

由于高校的服务外包人才培养普遍存在与企业人才需求不相适应的问

题,服务外包企业对毕业生往往需要培养一年半载才能实现盈利。这样的事实提醒高校有必要深入了解服务外包行业,调整培养目标,实现教育层面的转型升级,优化人才培养结构。高校要明确服务类人才的培养目标,构建服务类的课程体系,以课程体系为核心,依托校企合作、特色专业建设等各种方式来实现服务外包人才有效培养。

11.3.1　细分服务外包的人才需求,有的放矢地培养

对服务外包人才培养定位不清、了解不透,不利于人才培养的效能提升。按照企业面向市场的语言及文化差异,服务外包可细分为对欧美外包、对日外包、对中外包等。人才发包市场不同,语言及其文化有别、沟通有异。按照企业业务类型,服务外包可区分为信息技术外包、业务流程外包和技术性知识流程外包等。三者各自具有更进一步的业务细分,对人才技能素养的要求差异很大。相对高端的服务外包企业希望招收综合素质较高的大学毕业生,这样的毕业生既懂专业,又懂计算机且语言过关。很多做业务流程外包的企业,接受普通大学或高职院校的毕业生,他们注重外语沟通能力,辅以业务培训即可就业。高校应该研究各类发包企业的需求,进行用户分析且细化各自对人才的要求,进行针对性培养。高校只有深入了解服务外包企业需求,按照外包企业的要求有针对性地培养学生,外包人才培养质量和学生就业率才会大幅提高。

11.3.2　通过校企合作改进高校服务外包师资与教材

高校如果缺乏对服务外包前沿技术的了解,缺乏有实战经验的师资,就培养不出合格的服务外包人才。因此,为应对服务外包产业对各级人才的大量需求及国际化要求,作为人才培养主体的高校,应该针对区域经济发展的特征和趋势,进入企业进行深度调研,立足地方行业特色和岗位职业要求,明确服务外包人才培养定位,以突出职业能力和社会服务能力培养为基准细化能力要求,创新服务外包培养模式,同企业、培训机构一同制定服务外包人才培养质量标准,调整专业结构,推动课程改革,并通过合作教学、订单培养等方式做到人才的精准定位。同时,高校应大力引进服务外包企业专业人员参与教学实践,尤其是实施实训,解决校内实训教师极度缺乏的问题。此外,高校

要投入资金引进国外实用性强的服务外包教材,或者基于工作室实践载体,通过校企合作形式共同开发适用性强的教材,以解决目前国内服务外包教材紧缺的问题。

11.3.3　以能力为导向,着力培养应用型复合型人才

以能力为导向培养复合型人才是未来教育的发展趋势。高校应着力培养具备多种知识结构和综合能力的应用型人才,实现"宽基础"和"精专业"的统一,以及理论研究和实践应用能力的统一。首先,高校要以提高综合素质和综合能力为导向,注重跨专业多学科交叉培养,使学生懂得专业知识、具备深厚的人文修养。除此之外,还要通过各种实践活动,提高学生与他人交流、沟通的能力,培养他们与同伴合作的团队意识和协作精神。其次,高校应紧密结合外包人才需求,大力培养"外语 + 专业"的复合型人才,以满足服务外包人才对读写能力、问题解决能力、数字推理能力、基本计算机操作能力以及书面沟通能力等的职业技能要求。在这里,可以借鉴爱尔兰的教学模式,给予学生更多的自学和实践时间,提高学生自主学习的能力和工程实践能力。

11.3.4　双管齐下,加强对小语种人才的针对性培养

精通外语的服务外包人才,对于离岸服务外包企业的发展是极为重要的。现实是服务外包企业很难招聘到语言和业务都过关的适用人才,往往是外语够用的不懂业务,懂业务的外语不行,小语种的人才就更难找到了。因此,很多服务外包企业来中国落户,通常专门选择外语基础好的省市。沟通障碍是阻碍企业发展的最大问题。学校可以尝试跨学科合作培养人才,联手知名服务外包企业,一方面尝试对语言类专业学生设置服务外包专业方向,增加服务外包业务内容的学习与训练,另一方面针对服务外包业务领域专业学生加强专业外语的听说读写学习与训练。另外,高校中日语、韩语等小语种的招生人数本身就少,导致大学很难大规模培养此类的服务外包人才,妨碍了对日韩服务外包企业的落户,应有计划地加大日韩等小语种人才培养力度。总之,学校必须创新服务外包人才培养模式,才能培养出满足服务外包需求的复合型人才。

11.3.5　开设服务外包相关专业,给予一定政策倾斜

专业设置和招生中应尽快添设服务外包相关专业,并优先安排服务外包相关专业的招生计划。示范专业和优秀课程评选应优先考虑服务外包相关的专业和课程,以扩大高校服务外包人才培养规模,提升服务外包专业人才培养质量。同时,政府要指导推进服务外包专业教育教学改革,积极引进与国际接轨的优质教育教学资源,改进信息系统课程内容、授课方式,对课程进行优化并与国际接轨。在师资方面,高校需加强与培训机构合作,聘用国内外优秀教师及资深一线从业人员任教,以提高服务外包相关专业教师的业务素质和教学水平。

11.4　青岛黄海学院服务外包人才培养实践

学校将创新创业人才培养纳入服务外包各专业人才培养方案,贯穿大学教育全过程,完善课程设置,探索创业教育与专业教育在课程设置、教育师资、能力导向等诸多方面进行深入融合,尝试学分制改革,突出以学生为主体的个性化教育,鼓励学生跨专业选课,完善知识结构,引导文理渗透,鼓励学科交叉,强化专业课学习,加大创业教育力度。青岛黄海学院现已被山东省商务厅连续两届认定为 2017—2018 年度和 2019—2020 年度山东省服务外包人才培训机构。

11.4.1　青岛黄海学院服务外包专业人才培养情况介绍

自 2009 年起,青岛黄海学院电子商务、计算机软件开发、动漫制作、工业机器人等服务外包专业陆续与相关企业开展校企合作项目,创办校企合作特色班。学校将"智能制造的服务外包卓越工程师"培养项目作为重点,同时在软件开发、跨境电商方向与蓝鸥、网商集团共建特色班,在培养相应服务外包人才方面做了大量工作。学校针对服务外包方向人才培养引进大量软硬件,同时在服务外包方向的师资力量培养中投入大量费用,并得到了省财政专项资金的扶持。学校努力将"智能制造的服务外包卓越工程师"项目打造成为亮点突出、具有青岛特色的服务外包高端人才培养的新模式。

11.4.2 青岛黄海学院服务外包人才培养实践

近年来,青岛黄海学院按照山东省服务外包产业发展规划要求,抓住青岛市建设中国服务外包示范城市大力发展服务外包产业的机遇,坚持以为服务外包产业培养合格人才为导向,不断完善办学软硬件设施和各项管理制度,创新服务外包人才培养模式,加强校企合作与对接,并在服务外包人才培养规模和质量上不断实现自我突破。

11.4.2.1 确定跨界融合型服务外包人才的培养目标与规格定位

学校以服务为宗旨,服务于区域经济社会发展,服务于产业和企业需求,在人才培养的目标定位中,按照本区域或行业发展的要求确定学校人才培养的目标。跨界融合型服务外包人才的培养目标为面向服务外包产业发展需求,培养拥有正确的价值观、良好的团队合作能力和互联网思维与学习能力,了解服务外包职业文化,具有国际化视野,熟练掌握跨界服务语言、专业的服务外包知识和技术技能,具备服务外包跨界创新能力、身心和行为健康的复合型、应用型服务外包劳动者和技术技能型人才。

11.4.2.2 调整学院设置,理顺学科专业关系

2018年,学校按照学科相近、适应需求、资源共享原则,对二级学院设置进行了整合。学校将原国际电子商务学院、原管理学院整合,组建了国际商学院;将原机电工程学院、原汽车与船舶工程学院整合,组建了智能制造学院。学校以计算机科学与技术专业为基础成立大数据学院,使相关专业得到了有效归拢和聚合发展。学校以人才需求为导向,调整优化服务外包专业和人才结构,依照服务外包人才相关标准组织实施教学活动,进行课程体系设置改革试点,引导大学生创新创业。

11.4.2.3 优化结构显特色,协调发展育人才

学校为适应经济发展方式转变和产业结构调整的要求,实行学科专业动态调整机制,建立专业设置与市场需求信息监测预警机制。学校继续重点发展机械装备、航运物流、船舶海工、汽车工业、电子信息等青岛西海岸新区支柱产业相关的优势学科专业,大力引入并扶持影视产业、文化创意、生命健康、港口贸易、游艇邮轮等青岛西海岸新区新兴特色产业相关专业,压缩社会

需求相对饱和专业,提高办学效益。学校还积极服务山东省新旧动能转换综合试验区建设,主动布局战略性新兴产业和民生产业相关的学科专业。2019年,学校新增护理学、机器人工程、数据科学与大数据技术等本科专业,并与蓝鸥集团、慧与科技、科大讯飞等公司深入合作打造数据科学与大数据技术专业,积极培育智能制造、智能商务、智慧物流、大数据营销等新的专业方向增长点。

11.4.2.4　把握前沿求融创,深入学习提水平

近年来,青岛市政府高度重视影视文化产业发展。青岛黄海学院充分利用毗邻灵山湾影视文化产业区与东方影都的独特区位优势,依托产业兴办专业,不断加强学校的内涵建设,不断加强专业与产业接轨,推进产教深度融合,深化校企合作、校校合作及中外合作,促进了学校影视相关专业的高速发展。为进一步深化学校与国际知名企业之间的校企合作,学习国际化企业的管理模式、技术研发、人才培养等的先进做法,青岛黄海学院董事长刘常青赴杭州华为全球培训中心考察学习,就校企合作项目进行交流座谈,重点对大数据、人工智能、物联网人才培养和5G运用等做了深入探讨,为下一步学校与华为公司开展更深层次、更广范围的校企合作起到了助推作用。

11.4.2.5　加强与服务外包企业合作,不断提升服务外包人才培养质量

青岛黄海学院与青岛国合对外经济技术合作有限公司合作,开展了面向"智能制造的服务外包卓越工程师"培养项目。该项目将面向国内外知名、优质的服务外包企业,培养具有专业技术能力以及服务外包现场工作语言沟通能力的工程师,优秀学生将直接赴日工作,预期年收入22～28万元人民币。通过与国合公司的沟通与洽谈,开展赴日工程师就业、服务外包及专业的日语培训和技能培训业务,学校的人才培养水平获得了多家日本上市企业的认可。该项目符合服务外包高端人才培养的要求,具有起点高、就业质量高、发展潜力大、产业推动力强的特点。

当前,学校虽然取得了一定的成绩,但面临着服务外包人才需求的新问题。对照自身发展目标和兄弟院校的发展成绩,学校需改进和完善的地方还有很多。特别是有些工作因为建设周期长,建设成效还不明显。下一步,学校

将不断创新培养方式,改进课程体系和教学模式,积极开展多形式多层次服务外包人才培养,加强合作办学、专业共建及订单式人才培养,努力扩大培训规模,提升培训层级,为青岛市加快新旧动能转换、推动产业结构调整升级提供强有力的人才支撑。

总之,在目前大环境下,如何加强服务外包专业内涵建设、提升人才培养的质量,是高校不得不面对的最重要的课题。高校既要面向地方产业升级,主动对接、调整专业设置,也要依托行业,努力培养出更加适合产业发展的新型服务外包专业人才。这既是时代赋予高校的使命,也是高校的立身之本。随着服务外包产业的快速发展,服务外包业务出现了跨界融合的新趋势,这就要求高校在进行人才培养时紧握产业发展的脉搏,施行跨界融合型的人才培养,明确高校为产业办教育的指导思想。无论是生产产品还是提供服务的企业,都必须从市场的需求出发,进行产品或服务的研发、设计或生产。高校也是生产“人力资源”这种商品的“企业”,更需要依据市场的需求来培育人才,为产业办教育是最高的方针。青岛黄海学院深入贯彻落实上级关于服务外包培养的相关政策和要求,积极探索基于跨界融合的服务外包创新创业人才培养模式,助力服务外包产业发展。

第12章

"院园合一"机制下"黄海e代人"创客空间运行模式探索 >>>

"大众创业、万众创新"是国家实施创新驱动发展战略、促进高校毕业生更高质量创业就业的重要举措。为了全面推进"大众创业、万众创新",支持和鼓励小微创客发展,营造良好的创新创业氛围,根据《国务院办公厅关于发展众创空间推进大众创新创业的指导意见》(国办发〔2015〕9号)、《国务院关于加快构建大众创业万众创新支撑平台的指导意见》(国发〔2015〕53号)和科技部《发展众创空间工作指引》(国科发〔2015〕297号)文件精神,青岛黄海学院筹备建立了以"全方位 + 零收费"为运行模式的"黄海e代人"创客空间。

12.1 创客和创客空间

认识创客空间,需要先了解"创客"一词。何为创客?创客,指的是基于自己的兴趣爱好,通过整合各类资源把各种灵光乍现的创意转变为现实的人。各行各业的人都可以是创客,没有专业的限制。

创客空间就是为这样一群有激情、有创意的创客们所提供的低成本工作空间、网络空间、社交空间和资源共享空间。它是顺应新一轮科技革命和产业变革新趋势、有效满足网络时代大众创新创业需求的新型创业服务平台。

12.2 "院园合一"机制下"黄海e代人"创客空间"全方位 + 零收费"运行模式

青岛黄海学院"黄海e代人"创客空间秉持全方位、立体化的创业指导、创业扶持和人才培养的理念,提倡"创意无限、创业有为",支持和鼓励有创业想法和初创项目的大学生专创融合地开展创新创业。"黄海e代人"创客空间依托青岛黄海学院,拥有创业项目集中办公区、创新创业培训区、商务洽谈区、服务管理中心等功能完备且又各具特色的实训区和办公区,让大学生创客在"黄海e代人"创客空间里聚焦电子商务、跨境电子商务,在"院园合一"校企协同育人的创新创业教育体系下,坚持创新引领创业、创业带动就业,主动适应经济发展新常态,不断服务半岛蓝色经济区建设。

"黄海e代人"创客空间采用"全方位 + 零收费"的运行模式。全方位,指创客从初具创意到转换成产品这个过程中得到的一系列扶持,主要包括三个方面,一是创客入驻"黄海e代人"创客空间前有针对性的培训,二是入驻"黄海e代人"创客空间期间的增值赋能,三是成功孵化项目的后继帮助。零收费,是指青岛黄海学院从培养大学生创新创业实践能力出发,对入驻创客空间前的培训、入驻创客空间的增值赋能、成功孵化项目的后续帮助,都不收取任何费用。

12.2.1 依托"院园合一"机制有针对性地开展培训和扶持

"黄海e代人"创客空间在"院园合一"机制面向全校所有学生开设普及型创新创业课程的基础上,对于有创业兴趣和实际想法的大学生提供有针对性的创新创业培训,提高其创业技能,使其有足够的创新意识和创新能力,有明确的创新创业方向和构思。此创客空间具有对创业项目的所有权、经营权或代理权。凡是从事的经营项目(产品)符合国家相关法律与行业标准规范要求、适合青岛本地区产业发展特点且愿意继续进阶的大学生,都可以纳入"黄海e代人"创客空间继续扶持。

12.2.2 "院园合一"机制下"黄海e代人"创客空间对创客的增值赋能

基于"院园合一"机制,"黄海e代人"创客空间在配套服务、资金支持、导师匹配、大赛推动、学分积累与转换等方面为学生提供了强力支持。

12.2.2.1 专业服务管理团队的一条龙式配套服务

"院园合一"机制下的"黄海 e 代人"创客空间拥有单独设置的服务管理团队。其服务管理团队成员都具备一定的行业背景、丰富的创新创业经历和相关行业资源,人员的知识结构、综合素质、业务技能和服务能力充分满足了创新创业服务需求。服务管理团队全面负责"黄海 e 代人"创客空间的建设工作和日常事务管理工作,包括宣传贯彻国家、省、市有关大学生创新创业方针、政策和法令,提供创新创业政策咨询。他们协助大学生创客在工商、税务、人力资源和社会保障等部门注册、登记。他们也提供项目开发、方案设计、风险评估、运营实体指导等服务,并协助初创团队落实各项优惠扶持政策。除了做好创新创业团队培训活动,团队成员也会举办各类创新创业比赛和商务沙龙,并为初创项目提供争取投融资、人才引进、项目推荐、宣传推广等一条龙式创新创业配套服务。

12.2.2.2 "黄海 e 代人"创客空间设立大学生创新创业专项资金

"黄海 e 代人"创客空间是青岛黄海学院为了全面推进"大众创业、万众创新",支持和鼓励小微创客发展而筹备建立的。学校为创客空间的大学生创客们设立了创新创业专项资金,主要用途包括创业项目的房租补贴、创业活动经费等。

12.2.2.3 "黄海 e 代人"创客空间为每一个入驻创客的项目配备创新创业导师

俗话说,读万卷书,不如行万里路;行万里路,不如名师指路。"黄海 e 代人"创客空间拥有由校(高校)、政(政府)、行(行业)、企(企业)四方组建的创新创业导师库,为入驻"黄海 e 代人"创客空间的每一个创客项目配备专业导师,为创业项目在公司成立、运营、管理、融资等方面提供专业创业指导,避免入驻创客掉入各种各样的创业陷阱,尽量减少创客走弯路的时间。

12.2.2.4 "黄海 e 代人"创客空间定期组织项目路演,积极推动参赛

高校创客空间的创新创业环境相对较封闭。为了使入驻"黄海 e 代人"创客空间的创业项目引来投资、找到合作伙伴,"黄海 e 代人"创客空间的负

责教师们通过定期组织项目路演、积极推动参赛的方式,让创客直接、高效地向投资人、合作伙伴介绍项目情况,达到创业交流、市场宣传的目的。

项目路演是一场"思想 + 口才"的展示。大学生创客们普遍具有思想,但缺乏展示自己的自信。定期地组织路演,既让他们宣传了自己的创业项目,又使其锻炼了表达能力,充分展示了自我并提升了综合素质。

创新创业大赛可谓同类创新创业项目的战场。通过初赛的厮杀、半决赛的对垒、总决赛的博弈,最终获奖的几个参赛项目必将代表此类创新创业项目目前的高度。对于初创项目而言,创客们参加创新创业大赛是很有必要的。首先,创新创业大赛提供的是一个展示的平台,通过创新创业大赛这个平台,创客们可以把自己的创新创业项目推向社会并展示自身优势。其次,创新创业大赛又创造了一个发现自身不足的契机,创客们可以通过参加创新创业大赛找到不足之处,"以赛促改"。再次,参加创新创业大赛也是一个学习的机会。创客们通过参加创新创业大赛可以全面学习各地参赛项目推进过程中那些优秀的方式与方法等。

12.2.2.5 "黄海e代人"创客空间常态化开展创新创业教育培训

"黄海e代人"创客空间基于"院园合一"校企协同育人机制,常态化地开展创新创业教育培训。创客空间以培养大学生创客精神、培育创新创业项目、鼓励创新、推动创业为宗旨,充分发挥政府、高校、行业、企业各方资源优势,坚持政府主导、社会参与、部门联动、需求导向的原则,开展符合初创项目需求的全程化创新创业培训。 常态化开展的创新创业培训,主要包括创新创业意识培养、个人创业、职业规划设计、创业基础知识普及、创业模拟实践、创业项目规划等内容。概括地讲,它指的就是创业意识理念、创业基础知识和创业实践能力三方面的内容,贯穿于从一种创意到形成一种产品或服务的全过程,是一种线上与线下相结合、理论与实践相结合的培育思路,不仅科学地设置培养课程和实践内容,更能够满足不同层次创客们的成长需求。

12.2.2.6 "黄海e代人"创客空间积极推动创新创业学分积累和转换

根据国家政策,青岛黄海学院为加强创新创业教育,培养学生创新创业精神与创新创业能力,改革人才培养模式,提高人才培养质量,研究制定了《青岛黄海学院创新创业学分评定管理办法(试行)》。

"黄海e代人"创客空间结合工作实际,对青岛黄海学院全日制本、专科生在创客空间中从事研究与发明创造或在参加竞赛、社会实践、创新创业培训、创新创业实践等方面取得成果的,根据《青岛黄海学院创新创业学分评定管理办法(试行)》中的相关规定为他们申请总分一般不高于6学分且可与公共选修课程和相关专业类课程置换的创新创业学分。

12.2.2.7　"黄海e代人"创客空间引入专业服务机构

"黄海e代人"创客空间虽然有专业的服务管理团队,但必定不能配全各行各业的专业人才。为满足入驻创客项目的发展需求,创客空间又陆续引入了包括财务、法务、技术转移、人力资源、知识产权等在内的各类专业服务机构。

12.2.3　"黄海e代人"创客空间项目考核、退出机制和成功孵出项目帮扶

"黄海e代人"创客空间有健全的项目考核和退出机制,并对于孵化项目提供帮扶和后续跟踪服务。

12.2.3.1　合理的项目考核

"黄海e代人"创客空间在每年12月份对入驻的大学生创客项目进行考核。考核采取走访调研、查阅档案资料、召开座谈会等形式。考核内容包括入驻项目制度建设、日常管理、项目运营、市场开拓与信息化建设、创新及成果奖励等方面。服务管理团队根据初次入驻项目日常考核评比细则进行量化打分,对于考核不合格的团队予以劝诫整改,或限时退出"黄海e代人"创客空间。

12.2.3.2　健全的退出机制

"黄海e代人"创客空间有健全的退出机制。一种是入驻项目孵化成熟后需要退出。另一种需要退出的,则是入驻项目半年内未开展相关工作,创业项目年度考核不达标,对创业孵化计划执行不力、孵化效果不佳,或确实不能完成孵化计划的。

12.2.3.3　成功孵出项目帮扶

"黄海e代人"创客空间对已经成功孵化退出创客空间的项目,指导协助创业项目做好迁址、工商税务变更等后续工作。创客空间定期对成功孵化迁

出项目进行后续跟踪,了解其现状并在必要时给予帮助。

12.3 "院园合一"机制下"黄海 e 代人"创客空间运行模式存在的问题

众创空间模式是创新创业教育实践的体现,虽然有效地激励和扶持了大学生创业,为他们的创业之路扫平了一些障碍,但在实践过程中也存在着一些问题。

12.3.1 市场融资较难

"黄海 e 代人"创客空间入驻创客大部分是在校大学生或者刚毕业的学生,推进项目需要充足的资金支持。创客空间虽然设立了创新创业专项资金,但它们并不能满足所有入驻项目的运营需要。项目要推进,势必需要创业项目进行市场融资,但大学生的创业项目大部分依赖"互联网 + ",项目创新度根本不够,由此导致了能够融资的项目占比较小。

12.3.2 创业项目失败率高

自从李克强总理在 2014 年达沃斯论坛上提出"大众创业、万众创新"之后,"双创"已成为当今时代的最强音。满腔热血的当代大学生积极投入创新创业中,他们天马行空的想法层出不穷,但不与专业学习相结合、没有专业背景的创业犹如无源之水、无根之萍,经不住市场检验的风吹雨打。据统计,大学生创业失败率高达 95% 以上。

12.3.3 创业项目团队成员流动性大

创业不是单打独斗的事情,需要团队成员各司其职、通力合作。很多初创项目组成员在遇到一点困难后就选择退出,致使项目组频繁换人,给项目推进造成了很大阻力。

12.3.4 创业具有阶段性

创业是一个长期持续的过程,但当暑假、寒假来临时,创客空间部分初创项目成员全员离校回家。虽然他们回家继续在线上推进项目,但与有氛围、配套齐全、有创业导师现场指导的创客空间相比,还是有很大的差距。

12.3.5 创新类项目较少

创新是人类特有的认识能力和实践能力,是人类主观能动性的高级表现形式,是推动民族进步和社会发展的不竭动力。创新包含更新、创造新的东西、改变三层含义。对于入驻"黄海 e 代人"创客空间的大学生创客们而言,更重要的是要具备对所拥有资源进行优化整合的能力,进而创造出经济或社会价值,但他们大都缺少创新思维和进行创造发明与精准描述的实践能力。

高校设立的创客空间是促进大学生践行创新创业的实践平台。虽然大学生创新创业的成功率与市场环境、行业前景等多种因素都有很大关联,但"黄海 e 代人"创客空间更多关注的,是在"院园合一"机制下,通过适时引导,让入驻的大学生创客们具备创新思维并拥有资源优化整合的能力,旨在激发其创新意识、提升创造能力且能够融入以后的创新创业实践和日常生活中。

第13章

优质、高效、进阶——"创业基础"优质课程建设概述 >>>

2015年3月,国家提出"大众创业、万众创新"重要战略,全国的"双创"工作从此拉开了序幕。为响应国家号召,青岛黄海学院从2016年开始在全校本科生中开设"创业基础"课,以此来传授创业基础知识、锻炼学生的创业基本技能和培养学生的创新创业思维,从而激发其创业意识和潜能。在2017年教育部本科评估前夕,学校教务处发出通知,要在全校范围内建设若干门校级优质课程。创新创业教育学院经过认真研究,认为"创业基础"课是一门新兴课程,有待于进一步完善,发展潜力较大,决定将该课程申报为优质课程来建设。几年来,在各方面有效保障和创新创业教育学院全体师生的共同努力下,"创业基础"优质课建设走过了不平凡的历程。

13.1 课程建设总体概况

学校创新创业教研室始终以学生为中心,以优质为标准,全面开展优质课建设,概括起来主要有师资队伍建设、教学环节的设计、授课方式、授课条件和课程考核方式等五个方面。

第一,"创业基础"课程的师资队伍数量上不断壮大。成员从最初的3人发展到现在的7人,教师资质不断增强。有的教师主动外出学习,取得了TTT和BCF生涯规划导师的资格认证,有的教师取得了KAB创业教育讲师资格,有的教师自费出去学习,取得了高级创业指导师资格,获聘为山东省创新创业导师,还有的积极投身到创业实战当中,成立了自己的创业工作室,或指导学生成功创业。

第二,不断更新完善教学环节设计,达到课堂高效优质效果。2016 年,学校派出几位教师赴上海参加 KAB 创业教育培训,之后便把 KAB 创业实训内容融入课堂教学环节当中。2017 年,教师们努力钻研开发出一套团队合作实训项目并将其纳入教学环节当中。2018 年,学校投资 14 万元人民币购买了"创业之星"企业经营模拟软件,包括企业注册流程、创业素质测评、企业经营过程等,当年就纳入了教学环节当中。2019 年,教师们大胆创新,本着"创业要实"的原则,让学生从学期初就开始组建创业团队、寻找创业项目,将线下真实的创业实践纳入期末考核。这些教学环节的更新和完善,极大地提高了学生们的课堂参与度,提高了其学习效率,获得大家的一致好评。

第三,授课方式上不断变革,争取让学生满意,创建优质课程。刚开始时,教师们采取的是课堂讲授式授课。教师讲、学生听,一节课下来教师讲得很累,学生却就是听不进去,学生和教师是"两张皮"。主要原因在于学生没有参与到课堂当中,成了教学内容的被动接受者。在 KAB 创业实训项目引进到课堂之后,学生就能积极行动起来参与到课堂当中,就能去动手去做,用行动去体验。还有后面的"创业之星"软件操作和线下创业项目实践锻炼,目的一样,就是让学生动起来,让学生做起来,让学生参与进来,让学生用自己的体验和实践去感受创业的一些道理。特别是在 2019 年,教师们将理论知识讲授全放在了线上,让学生利用课下时间在"学习通"平台上学习清华大学李肖鸣教授所讲的创业理论知识并完成线上的期末考试,线下的见面课都设计活动课。课程概括起来主要是参与、体验、讨论和实践等形式,得到了学生的一致好评。

第四,授课条件大大改善。这得益于学校资金的大力支持。2016 年,学校的机房是外借的,只有 1 个机房,12 台电脑,上课时 10 个学生用 1 台电脑,资源十分有限。2017 年,学校建设了 2 个创业实训室,配备了 120 台电脑,极大地缓解了上课的压力,同时购买了"创业之星"企业经营模拟软件,极大改善了授课条件。2018 年,"创业之星"软件正常投入使用。2019 年,由于学生人数的增加,学校启用了知新楼的 6 个机房,顺利完成了当年的教学任务。在授课条件的改善上,值得一提的是部分学院的教室桌椅更新换代,从原来的铁制桌椅换成了办公桌椅,极大地优化了授课环境,方便了课堂参与式、体验式教学。

第五，课程的考核方式也得到了不断探索。考核方式是对教学方式成果的检验，教学方式改革了，考核方式也要改，要协同改革，确保配套。"创业基础"作为考查课，考核方式灵活多样，但都要以检验学生能力为前提。在期末考核的设计上，为了锻炼学生的团队合作能力，2016年以后的两年都是以团队撰写商业计划书并通过个人PPT演示的方式进行的，比重占到了70%。2018年，为了突出每个学生的撰写能力，提升其综合素质，教师们又尝试了撰写个人创业计划书和通过PPT演示的方式，比重占到了60%。实践表明，撰写创业计划书的考核方式也存在着弊端。首先，学生去网上下载的多，真正自己撰写的少。其次，创业计划书只停留在计划层面，没有落地。鉴于这两点，2019年，教师们把期末考核方式改成了学生线下寻找创业项目并实践，期末把实践的过程做成PPT并在课堂上演示，比重下降至40%。这样一来，杜绝了学生们上网抄袭的现象，同时创业也落了地，好多学生都完成了自己美好的创业故事，并给过程考核留出了较大空间。在过程考核方面，2016年至2018年都是通过考勤加作业的方式进行的，形式简单，比重小，只占到10%。2019年，过程考核的内容得到了扩充，比重加大，考核内容不再是考勤和作业两个方面了，变成了考勤、企业注册流程、"创业之星"和线上网课的期末成绩等四个方面；比重也由原来的10%调至60%，加大了过程考核力度，更加符合人才培养规律。

几年间，优质课建设在创业体验、创业实践、创业比赛和创业实战等方面取得了实质性成效。首先，学生们在上课时都能参与到创业体验中，状态得到了明显改善。从外在表现来看，学生们上课时抬头了，微笑了，精神投入了，进入模拟角色且把软件实训当真了。他们的这些表现在传统课堂上是很少见的，而学生的改变就是对教师们课堂教学最大的肯定。其次，就是学生们对于线下创业实践项目是真干、真做。期末汇报积累的资料都很真实和详细，有的团队在短短几个月的时间里盈利过万，创业有效了，很是了不起！再次，创业比赛方面也取得了好成绩。2019年，"学创杯"山东省省赛用的就是上课用的"创业之星"软件。学校所派三个代表队，一个获得特等奖，两个获得一等奖。最后，效果体现在创业实战方面。创业必须要实战，其中由教师指导的一个学生在校门口商业街开了一家美容店,运转良好;还有一个 2016 级船舶海洋班的学生在校门口投资十几万元开了一家蛋糕店,运转一直良好。

13.2　各项建设指标情况

"创业基础"优质课的建设,需要达到一定的指标要求,不仅包括教师队伍的结构和整体素质,在课程教学内容和相关的教学方法、手段等方面也不可任意为之。现将其列举如下。

13.2.1　教师队伍

良好的教师队伍是教学质量的可靠保证。教师个人的专业素养、认知能力和实践经验直接影响着整个团队的施教水平。

13.2.1.1　课程负责人与主讲教师

"创业基础"优质课课程负责人、主讲教师师德水平较高,没出现过重大的教学事故,一直都奋战在教学第一线,教学能力较强,教学经验较丰富,有较强的教学特色。

13.2.1.2　教师队伍结构及整体素质

教学团队中的教师责任感强、团队协作精神好,有副教授 3 名、讲师 3 名、其他中级职称 1 名,有合理的知识结构和年龄结构。中青年教师能适时外出培训学习。其中,有 1 名教师获得 KAB 创业教育讲师资格,有 2 名教师获得了 TTT 生涯规划导师资格,有 1 名教师获得了 BCF 生涯规划师资格,有 1 名教师还自费学习取得高级创业指导师资格,获聘山东省创新创业导师,还有教师参加西交利物浦大学考察学习。教学团队整体素质有了新提升,取得了实际效果。

13.2.2　教学改革与教学研究

教研室定期开展教研活动,研究课程建设事宜,教学思想活跃,教学改革有创意,目前已编写创业教材 1 部,发表教科研论文 5 篇。

13.3　教学内容组织安排

此部分主要包括理论课程内容和实践课程内容两个方面。对于相关教学内容的讲解,教师们采取了线上平台推进、自主研发和引进相结合的方法。

13.3.1　理论课程内容设计

教学内容新颖、信息量大;能及时把教改成果和学科最新发展成果引入教学,能理顺理论内容体系,反映创业教育的一般规律;理论内容设计突出基础性、继承性和创新性;逻辑性强,既强调了创业前的准备工作,又兼顾了企业初创时期的运营,能满足初学者的理论需要。

13.3.2　实践课程内容设计

实践内容的技术性、综合性和探索性关系处理得当,能有效地培养学生的创新思维能力和独立分析问题、解决问题的能力。教师主要从两大方面来设计实践内容,一是创业体验,二是创业实践。创业体验在课堂上完成,主要是借助相应的实训项目,如 KAB 实训项目、"创业之星"企业经营模拟软件等。创业实践在课下完成,期末总结汇报。这些内容都大大地锻炼了学生的团队合作、语言表达、执行、知难而上、总结等能力和素质。

13.3.3　平台助推,理论教学内容讲解"在线上"

对于创业教育来讲,理论的学习是一方面,或是不太重要的一方面,因为不是分数越高就越会创业,再加上创业课教师本身不是创业出身,有些内容讲起来很苍白,没底气。所以,对于理论内容的讲解,2019 年全被放在了线上,让学生通过"学习通"平台学习清华大学教师的视频课程,并进行线上期末考试。

13.3.4　实践教学内容自主研发和引进"双结合"

实践教学设计出各类实践活动,能很好地满足学生的培养要求。实践教学在培养学生发现问题、分析问题和解决问题的能力方面有显著成效。对于创业课的实践内容,教师们自主研发和引进相结合、手工操作和软件模拟相结合、创业体验和创业实践相结合。所引进的创业实践项目主要有 KAB 创业实训和"创业之星"企业经营模拟等,自主开发的主要是团队合作训练、创业项目运营及期末汇报等,实践方法主要是参与式、体验式、讨论式、角色扮演式等。实践场所主要有教室和机房。

13.4　教学条件

良好的教学条件是课程授课得以顺利进行的有效保障。除了自编教材之外,实践实训条件也为提高教学质量提供了便利。

13.4.1　选用资料和自编教材

学校选用的省部级以上的优秀教材,为学生自主学习和研究性学习指定了有效的文献资料。曾经选用的教材主要有卢福财主编、高教出版社出版的《创业通论》。2018年,教研室联合各方师资共同编写了《创业教育实训教程》,现已在本科生中使用,效果良好。

13.4.2　实践教学条件

实践教学条件能满足教学要求,实践教学环境较好。部分二级学院更换了新的且可移动的桌椅,为课堂讨论小组作业提供了便利。2017年,有关学院新建了几个创业实训室,投资14万元购买了一套创业实训软件,极大地改善了实践环境,为学生实训提供了便利。

13.4.3　网络教学环境

网络教学资源建设初具规模,在教学上能发挥一定作用。在"学习通"平台上,"创业基础"网络课程已建设完毕,主要有视频资料、创业案例、题库等。2019年"创业基础"课的理论学习主要是在网上进行,线上期末考试也是在网上进行的。

13.5　教学方法与手段

灵活多样的教学方法,加之恰当使用的现代化技术手段,不仅激发了学生们的学习兴趣,也在很大程度上增强了其学习效果。

13.5.1　教学方法

教师们灵活施教,方法多样,有效地调动了学生的学习兴趣且成效明显。在优质课建设过程中,教研室突破了传统的教学模式,改变了以前的讲授法,扭转了学生被动接受信息的局面。所尝试的体验法、讨论法、角色扮演法、软件模拟法等,在学生创业学习、创业体验、创业实践中发挥了一定的作用。

13.5.2　教学手段

教师们做到了恰当、充分地使用现代教育技术手段,激发了学生们的学习兴趣,取得了良好实效。教师们合理设计板书,通过"学习通"平台实施教学,即便在没有 PPT 的情况下也可完成教学活动。

13.6　教学效果

教师们通过"问卷星"对"创业基础"的教学设计和教学效果进行了无记名调查,全校 2016 级共有 1 948 名本科生接受了创业教育,参加调查的学生有 1 057 名。调查结果显示,创新创业思维、企业经营模拟和团队文化设计是最受学生欢迎的三项内容。有 98.61%的学生能够投入教学环节当中;有 76.31%的学生认为教学内容恰当合理,能激发其学习兴趣;有 80%的学生支持线下的创业项目实践活动等。学生的肯定就是教师们授课的最大成就,而让更多的学生满意是他们不懈的追求。

13.7　课程特色

课程特色体现在"五结合""五要""五层次""两调整"和"三注重"等几点上。"五结合"指的是线上学习和线下体验相结合、课堂活动和软件模拟相结合、自主研发和校外引进相结合、创业体验和创业实践相结合、创业实践和创业实战相结合;"五要"说的是创业要实、创业要听、创业要做、创业要说、创业要有效;"五层次"是指创业理论学习、创业体验实训、创业实践活动、创业故事分享和创业实战运营;"两调整"是指调整期末考核方式和过程考核方式;"三注重"则体现在注重实践环节的锻炼、注重学生能力的提升和注重学习效果的反馈三个方面。

13.8 存在的问题

优质课建设过程中存在的主要问题有师资队伍问题、硬件建设问题和合班上课问题等。

13.8.1 师资队伍问题

随着学生规模的扩大,创业课教师的数量显得不够,特别是专职教师的数量。教研室任课教师6人,包括1名教研室主任、2名老教授和3名全职教师。按照1个教师标准工作量来算,教研室折合下来就是4.5个教师。而学生人数在急速上升,2016年是1 948人,2017年是2 315人,2018年是2 355人,2019年是2 500人。如果靠几个教师去应对2 500个学生是不合理的。如果大量聘请兼职教师又会带来管理上的困难和教学质量的问题,学生满意度不高。除了数量上的问题,教师自身水平也需要提高。教师理论水平有限,创业实践经验欠缺,讲课说服力不够。

13.8.2 硬件建设问题

有的二级学院的桌椅是固定在地面上的,不利于课堂教学改革的开展,不利于课程建设。一号教学楼机房的电脑老旧,经常出现死机的情况,导致上课无法正常进行。

13.8.3 合班上课问题

创业教育的国际通行做法是小班授课,因为创业课程里有许多实训环节,班级人数过多不宜开展,不便于落实到每一个人。特别是在机房上课,合班上课时人数过多,不能保证每个人都能有一台机器可用,势必会影响教学效果。

总之,基于以上概述和分析,教研室可以进一步明确今后的工作重点和主要思路。创业课建设的重点不是理论学习,不是试题集,不是网络资源建设,而是实践教学,是实践精神的培育,是创新创业思维的锻炼,是创业意识和潜能的激发。所以,对于"创业基础"课而言要明确自身定位,它是一门面向全体学生开设的通识教育课,受众广,影响大,要突出基础,突出通识的特点,同时也突出创业的特点。创业从来都不是虚的,从来都是实的,所以创业教育也必须要实,要突出实践,强调创业意识、创业精神、创业思维的培养和锻炼。下一步创业课建设的重点还是要围绕创业意识的培养和实践的锻炼来开展,在实践教学中培养学生的创业意识。优质课建设工作中师资建设永远是第一位的,没有好的教师就没有好的课程。创业课教师应该多出去走走,看看兄弟院校的建设思路,再结合自己学校的实际,走出一条特色之路。在学生实践过程中,要实施小班授课,确保授课效果惠及每一个学生,这是创业教育的国际惯例,教研室也应该遵循。要进一步做细做深做优实践环节,按照比赛的要求去讲,去实践,特别是学习"创业之星"软件的操作,配合每年举办的创业比赛,提前选人、提前训练,争取在比赛中取得好成绩并以赛促创。

第14章
跨境电商工作室实践教学与课程思政融合研究

>>>

跨境电商工作室是基于"院园合一"校企协同育人机制创建的实践载体,其实践教学有着丰富的企业资源和实操项目,着力于培养学生掌握过硬的专业实践技能,同时注重挖掘思政素材,把课程思政与实践教学完美融合,以通过强化思政育人目标、改革教学方法和创新教学内容的方式,"进行'知行合一'的课程设计,旨在培养高素质、高技能的应用型跨境电商人才"(蔡文芳,2020)。

14.1 跨境电商工作室实践教学与课程思政融合研究的背景

在全国高校思想政治工作会议上,习近平总书记曾提出要用好"课堂教学"这个"主渠道",各类课程都要与思想政治理论课相向而行,形成协同效应。"课程教学的知识传授目标、能力培养目标要和思政育人目标有机融合、互相支撑,进而全方位提升学生的综合素养。"(尹昕,2020)在此背景下,基于工作室的跨境电商实践教学与课程思政融合性研究便应时而生了。此项研究通过挖掘教学中的思政育人元素,贯彻了全员、全程、全方位的三全育人理念,并将课程思政融入跨境电商实践教学的全过程,旨在实现课程德育目标,对提升应用型跨境电商人才培养的质量和增强其核心竞争力有重要意义。

14.2 跨境电商工作室实践教学与课程思政融合研究的必要性

"利用教学信息化手段创新与改革课堂教学形态是未来教学改革的趋势。"(孙从众,2020)在信息化时代,教育实践者对跨境电商工作室实践教学与课程思政相融合进行研究,不仅强化了跨境电商专业实践教学和思政育人的融合理念,也增强了教师三全育人的意识,有利于挖掘以思政元素丰富工作室育人的丰富素材,进一步激发学生学习的内驱力。

14.2.1 强化跨境电商实践教学思政育人理念

在跨境电商实践教学中重塑课程定位,在跨境电商实操和与外商沟通的过程中充分融入爱国情怀的培养,有利于学生拓展自身思政视角,并以此为指导面对各种贸易摩擦、关税壁垒等市场环境。培养学生用科学发展的眼光看待跨境电商产业,能够帮助其正确地对待各种敌对势力对我国货物的抵制,进一步培养学生的跨境电商事业服务意识,从而为国家的经济发展作出更大的贡献。

利用在跨境电商工作室实操的有利时机,通过企业家典型案例分析外国客户,可以培养学生的跨境电商职业素养、精益求精的工匠精神,以及迎难而上、锐意进取的艰苦奋斗精神和勇于开拓、敢于冒险的创新实践精神。此外,这还能够教育学生在与外国客户沟通、谈判的过程中彰显"大国自信"并不断弘扬中华民族优秀传统文化。

14.2.2 增强跨境电商实践教学教师思政育人意识

在三全育人理念的倡导下,实践教学教师、企业导师也要增强自身思政育人素养,有意识地培养自身思政育人能力。要摒弃学生的思想政治教育是思政教师、班主任和理论专业课教师的任务的错误认知,在实践教学环节思想政治教育更不能缺失。在跨境电商工作室里培养学生扎实的操作技能,同时在项目中融入思政教育,能使实践教学和思政育人起到意想不到的效果。

14.2.3 挖掘跨境电商实践教学思政元素,丰富工作室育人素材

在跨境电商实践项目教学中,要想充分融合各种思政元素,需要挖掘丰富多彩的优质教育资源,比如企业家、典型外国客户、交易案例、时政新闻等。企业实践讲师在教授学生操作跨境电商平台的同时,需要着力丰富授课内容,把与课程相关的思政元素很好地融合到教学实践中,帮助学生扎实地掌握应用技能,培养学生的家国情怀、工匠精神、职业道德素养,使其具备讲诚信、有

责任和敢担当的优秀品质。

14.2.4　激发学生学习内驱力

高校学生内在学习动力的大小与他们的学习热情、学习效率和学习效果紧密相关。然而,影响他们学习内驱力的因素有很多,除了自身的成长环境、家庭教育、自身偏好等等之外,更多地集中在学习目标是否明确和学习素材是否具有感染力上。跨境电商实践技能本身的学习是枯燥、乏味的,尤其是学生前期不熟练,还不能很好地掌握相关技能和技巧,不能在很短时间内与外国客户谈判成功,进而出单。因而,在跨境电商工作室实践教学中,通过充分挖掘丰富的思政素材去培养学生沉稳解困、钻研进取的工匠精神,使其具备有责任、有担当地为祖国外贸事业作出积极贡献的家国情怀,才能真正激发出学生的潜在动力,让他们通过跨境电商实践的学习,感悟到只有学好专业知识和技能才能成为合格的社会主义建设者与可靠接班人。

14.3　基于工作室的跨境电商实践教学课程思政建设方案

跨境电商实践教学课程思政建设方案的制定和实施,必须要借助工作室实践载体,在目标树立、资源挖掘、教学内容重构和考核方式设计等诸多方面有所体现。

14.3.1　树立课程思政育人目标

跨境电商课程的实操性较强,目前基于工作室的实践教学改革已经获得了初步的成功。在此基础之上,根据习近平总书记重要讲话精神执行课程思政建设工作被进一步提了出来。在工作室中,教师可以让学生通过实践企业真实项目来掌握跨境电商的产品甄选、店铺装修、平台运营、数据分析和客户服务等方面的知识与技能,并将其贯穿于思想教育的全过程。通过利用本课程教学内容深挖思政育人素材,我们能够培养学生的爱国情怀、人文精神、文化自信力、企业家精神以及工匠精神与创新精神等,真正培养出社会责任心强且能够理论联系实际的社会主义事业接班人。

14.3.2　基于育人目标的思政教学资源挖掘

思政教学资源的挖掘需要瞄准育人目标的实现,其间践行社会主义核心价值观、树立文化自信、熔炼企业家精神与工匠精神、强化社会责任感、实现中国梦等,都是不可或缺的核心内容。

14.3.2.1 社会主义核心价值观

跨境电商是指交易双方基于跨境平台的磋商和交易。双方的谈判和交易条件是民主、自由、平等和合法的,而双方的谈判态度则是诚信、友善、文明、和谐的。交易活动自始至终都深刻地渗透着社会主义核心价值观。

14.3.2.2 文化自信

跨境电商的文化和礼仪是本课程实践教学内容的组成部分。文化和礼仪甚至会直接决定交易活动是否成功,在跨境电商活动中和外国客户打交道更是如此。在和外国客户交易中要牢记"四个自信",发扬并传承我国传统文化和美德。

14.3.2.3 企业家精神

从事商务活动的企业家们均具有以改革创新为核心的时代精神,他们突破陈规,大胆探索,敢于创造,奋勇争先。这些均是外贸交易者应该具备的思想观念和职业品格。授课中教师应培养学生坚忍不拔、自强不息、锐意进取、不言放弃的职业素养,使学生能够克服和外国客户谈判和交易中种种艰苦困难,取得成功。

14.3.2.4 工匠精神

跨境电商实践人才也需要具备精益求精的工匠精神。教师应培养学生在产品发布、商品标题编辑、详情页制作、海报设计、店铺装修及运营中精益求精的态度和品质,培养学生工匠般的敬业、专注和创新等职业道德和职业能力。

14.3.2.5 民族精神和社会责任

课程应培养学生的民族责任感和社会使命感,通过具体外贸交易活动教育学生做到人民利益至上、廉洁奉公、爱岗敬业、淡泊名利、乐于奉献,通过优秀的谈判专家、外交专家的典型案例培养学生的社会担当和责任意识。

14.3.2.6 中国梦和大国情怀

课程教学内容中渗透了"天下兴亡,匹夫有责"的担当意识、革故鼎新的创新思想、扶危济困的公德精神和公而忘私的价值理念。在跨境电商活动中，教师务必要让学生懂得要有为国家舍企业、为企业舍自我的家国情怀。教师要引导他们把中华民族奋发进取的精神力量转化为自身奋斗的动力，将个人志向与社会需求、个人发展与国家战略、个人梦想与中国梦有机结合起来。

14.3.3　基于思政元素的教学内容重构

基于思政元素的教学内容主要分为六个模块。第一模块涉及跨境电商岗位职业素养、相关政策、职业理想、职业道德、精益求精的工匠精神、科学发展观思想、家国情怀、共同体思想等。第二模块主要包括跨境电商平台介绍(五大平台)、理论与实践相结合、实事求是、没有调查就没有发言权、毛泽东思想、运筹帷幄和辩证法等。第三模块包括跨境电商选品和发布(货源、优化、定价)、企业家精神、社会责任、公平、诚信、友善、宪法法制教育等。第四模块包括店铺装修和运营(文案策划、详情页、海报、营销和推广)、"四个自信"、经济共同体双赢思想、矛盾理论、马克思万物联系理论、创新思想等。第五模块包括跨境电商支付和物流(支付的方式渠道和机构、物流方式优劣势和适用条件对比分析)、诚信、辩证和责任担当等。第六模块包括数据分析和客户服务(流量分析、产品经营分析、沟通技巧、询盘回复、客户关系管理等)、文化自信、儒商思想、中华优秀传统文化、彰显礼仪之邦的大国风范和颂扬中华民族传统美德等。

14.4　融合后考核方式的设计

基于课程思政的跨境电商工作室实践教学效果的评价和考核，应该采用多元化、多维度、全过程的考核评价方式，而不能简单地靠考试或者工作业绩进行考核评价。教学方法和教学内容的改革，势必带来考核方式的革新。再用传统的考核方式，已经无法体现出教师的教学水平以及学生的学习效果了。所有使用传统试卷或撰写单一项目书的陈旧行为，都要改成成果导出和评价量规相结合的方式，以便更好地激发学生的潜能并调动其积极性。

14.4.1　成果导向

成果导向教育理念把从关注教学输入转变到关注学习成果输出，强调学生所掌握知识和技能的实用性。这种理念根据学生需求和岗位需求的特点设计教学,以企业跨境电商平台实操项目为载体,创造授课内容自身的价值。同时,它也把关注点放到了学习效果的产出上,中间过程则给予了学生更多自由,摈弃了过多的束缚,自由发挥的空间比较大,有利于培养学生的创新能力。

把成果导向教育理念应用于跨境电商工作室实践教学中,其中融合思政元素,非常有利于培养学生的业务实操技能。比如,在产品发布和详情页制作的授课中,教师要求学生必须独立成功发布 15 个产品。其中,关键词、产品类目选择、图片的制作等均要达到专业化要求,同时还要体现出对学生诚信、创新、工匠精神等培养的目标。每个产品详情页中,产品的参数、卖点的介绍和海报的制作,还要求学生传承和发扬中国文化,体现出中国元素。

14.4.2 采用评价量规评价方式

评价量规作为一个主要应用于学生作业和成果的评价工具,也是连接教学和评价的重要桥梁与施教工具。它能够通过制定详细的规则和标准,采用多维度甚至全员参与的方法对学生作品进行评价,并且能够详细地描述出学生作品的各个等级,比如从及格到中等、良好、优秀等的质量差别。

教师们可以先设计出考核的一级目标(德育素养目标和课程基本目标)、二级目标(能力、技能目标和效果目标),再为每个小目标分别配上权重分数,并将每个目标的实现程度都划分为 A、B、C 三个等级。自评、合作者评价和教师评价,全员参与考评,起到考核学生学习效果和增强其学习动力的作用。

由此,坚持把立德树人作为人才培养的中心环节,把思想政治工作贯穿于教学全过程,实现全程育人、全方位育人,便成为努力开创我国高等教育事业发展新局面的有力举措,其目的在于"力求专业教育与思政教育同频共振"(汪晓君,杨奕,2019)。在跨境电商工作室的实践教学中,施教者不仅要坚持产教融合、校企协同育人,还要将课程思政元素充分融入鲜活的企业案例和真实的操作项目中,培养学生遵纪守法、热爱本职工作的基本职业素养,使学生与同事、同行和谐相处,增强团队合作意识,并在与外国客户的沟通中做到不卑不亢,维护企业形象,体现良好的个性修养和文化自信。另外,在尊重不同国家文化的同时,教育实践者也要不断弘扬中国传统文化,为国家的内涵发展和社会经济和谐发展贡献自己的力量。

第15章

应用型高校基于工作室的"互联网 +"大学生创新创业大赛提升路径 >>>

"互联网 +"大学生创新创业大赛由教育部、人力资源和社会保障部、中央网信办、国家知识产权局、国家发展和改革委员会、农业农村部、工业和信息化部、生态环境部、国务院侨务办公室、中国科学院、国务院扶贫开发领导小组办公室、共青团中央和承办高校所在省（区、市）人民政府共同举办。

大赛至今已举办了六届,是中国规模最大、参赛国家最多、参赛高校最多、参赛大学生最多和参赛项目最多的大赛。自 2015 年创办以来,共有来自124 个国家和地区的 4 093 所院校的 947 万名大学生、228 万个团队报名参赛,几乎覆盖了我国所有大中专以上院校,国际国内影响力显著。大赛在深化高等教育综合改革方面,在激发大学生创造力培养方面,在大赛成果转化服务经济提质增效升级方面,在创新引领创业、创业带动就业、推动高校毕业生更高质量就业创业方面,效果显著且不可替代。

青岛黄海学院自第二届大赛开始组织参赛,参赛项目数、覆盖面、参赛人次逐年提高。至 2020 年第六届大赛,学校共有 543 个参赛项目,参赛人次达到了 3 065 人次,参赛覆盖面也超过了 20%。自参赛以来,学校共获得省级银奖一项(2016 年第二届)和省级铜奖五项(2017 年第三届一项,2019 年第五届四项)。在"知行合一"校训的引领下,学校基于"院园合一"校企协同育人机制,结合自身特点积极探索了一条基于工作室的"互联网 +"大学生创新创业大赛提升路径。

15.1 "互联网＋"创新精神、创业意识培养

创新是民族之魂,是时代主题,而创业则是发展之基,是富民之本。青岛黄海学院自 2009 年起,就与阿里巴巴共建了西海岸大学生网上创业园,开始了创新创业教育和实践模式的探索之路。学校 2011 年升格为普通本科,向着应用型高校转型。学校通过申报一系列的创新创业实践园区聚合校内外资源,并在创新创业教育学院"理实一体"的统筹部署下,实施了《创新创业教育改革方案》,推动了校企协同育人模式构建和线上线下的课程体系改革,以助力应用型人才培养。

学校充分发挥民办高校体制灵活的优势,积极探索自主创新的育人模式,进行了"院园合一"协同育人的教育教学改革实践。校政行企四方联动,实现产教融合,以工作室为载体,通过校内创新创业实践活动平台,培养学生的创业意识、创新精神和创业能力。"创业基础"课程被纳入教学体系,实现了创新创业教育全覆盖,20% 的学生能够有效参与创新创业大赛、创新创业训练等创业实践活动,2% 的学生能够创办优质创业企业,孵化成功率达到了 70% 以上。"互联网＋"的创新精神、创业意识培养不断融入日常的创新创业课程和创新创业实践活动当中。

15.2 完善创新创业大赛管理体系

青岛黄海学院开展创新创业教育工作起步较早,先后成立了大学生就业创业孵化基地、创客学院,至 2017 年又成立创新创业教育学院。学校不断实施创新创业教育教学改革,成功申报了国家级众创空间、省级大学生创业孵化示范基地、青岛市级科技企业孵化器等,并着力提升孵化功效,通过设立近百个创新创业工作室,在应用型创新创业人才培养方面大胆尝试。以此为依托,创新创业教育学院在组织"互联网＋"大赛工作过程中,实行多部门协同分工,以创新创业教育学院为主导,集教学服务部、科研服务部、就业中心、团委、校友会以及二级学院等部门之力,共同推进大赛组织,建立长效机制,整体推进。

15.2.1　建立高层设计管理机制

学校成立了校级大赛工作领导小组,统筹大赛组织工作,实行校长负责制的高校创新创业管理机制。

现以第五届中国"互联网 +"大赛为例。学校按照大赛组织工作要求,及时上报了《青岛黄海学院"互联网 +"大学生创新创业大赛组织方案》。学校成立了以校长为组长的校级大赛工作领导小组,同时组织各二级学院成立院级大赛工作领导小组,以二级学院为单位面向学院师生召开动员大会,确保大赛精神传达到每位教师和学生,做到了全覆盖。学校召开部门协调工作会议,就大赛筹备等相关工作进行任务分工,提前布局,重点安排。2019 年 5 月份,学校召开了第五届"互联网 +"大学生创新创业大赛启动大会暨专题报告会,校领导做了工作部署。

15.2.2　建立完善的政策落地机制

学校为实现政策落地,构建校内部门间的沟通协作机制,围绕着项目挖掘和重点培育,积极做好创新创业教育学院、二级学院教学单位、科研服务部、教学服务部、团委、就业中心等部门的沟通工作,协同培育参赛项目。

15.2.3　完善创新创业教育管理体系

学校实现了创新创业教育覆盖人才的各个方面,并将科研、教学、实践和产业有机结合。学校在二级学院成立创新创业工作室,以二级学院指导教师为主导,以工作室创新创业学生为主体,以创新创业教育学院创业导师为辅助,着力做好项目挖掘、项目转换、项目培育等具体工作。

15.2.4　建立创业项目梯队体系

学校积极组织大学生以工作室为依托,成立创业团队,开展创业实践,围绕大学生创意思维、创业精神、创业意识、创造能力和创富理想等,分门别类且较有针对性地开展辅导工作,以构建层次递进的创业项目梯队。

15.2.5　开展大赛宣传及总结工作

学校以二级学院为单位,召开大赛宣讲会,深入解读宣传"互联网 +"大学生创新创业大赛的重要意义和相关政策,及时总结宣传赛事中涌现出的师生典型,开展表彰活动,营造"双创"浓郁氛围。

15.3 统筹安排、协同作战的参赛准备

"互联网+"大学生创新创业大赛自 2015 年开始,已成为覆盖全国所有高校、面向全体高校学生、影响最大的赛事活动之一。大赛不仅仅是大学生项目与项目之间的比拼,也是高校师生创新精神、创业意识和创业能力的比拼,更是高校深化高等教育综合改革成果的实力展现。大赛以创新引领创业,创业带动就业,推动高校毕业生更高质量创业就业。为取得大赛优异成绩,学校从下面三个方面做好参赛准备。

一是高度重视,充分认识大赛的重要性。各部门精心准备,认真部署,"共努力、同奋进",并以"互联网+"大赛作为推进学校创新创业教育的重要抓手、重要举措和重要平台,做好以赛促教,培养学生运用"互联网+"的思维把学校的科研、技术、成果转化为新的产品、新的模式和新的产业。

二是加强研究,准确理解和把握大赛的规则和核心要求。学校充分调动各方资源,包括有可能注册成立实体公司的项目资源和毕业五年内的校友资源。学校认真辅导学生准备商业计划书、项目展示 PPT 等关键的参赛材料,同时注重项目的商业性,注重选题在本领域的先进性、引领性以及项目团队组建的多元化。

三是加强领导,扎实做好大赛的组织工作。各相关职能部门根据分工,做好资源挖掘、成果转化、科研支持、政策激励、经费保障等各项工作。各学院成立专项工作组,切实抓好参赛师生的动员、组织工作,安排专人开展调研与研究,为在校生和毕业生参与竞赛提供必要的条件和支持,做好学校初赛组织工作。学校鼓励教师将科技成果产业化,带领学生创新创业,抓好项目数量的同时确保项目质量。

15.4 科技成果转化、产教融合助力"互联网+"大赛

"互联网+"大赛参赛项目不局限于"互联网+"项目,而是涉及各行各业和方方面面。它包括现代农业、现代制造业、信息技术服务、文化创意服务、

社会服务等。学校以创新创业工作室为实践载体,将科技成果转化和大学生创新创业融合成一体,使得科研项目转化为大学生创新创业项目,形成了高质量的参赛项目。学校在促进大学生开展创新创业实践的同时,也进行了科研成果产业化,以创造更大的价值。

产教融合为高校和企业搭建了一座资源共享的平台。学校和当地产业紧密结合,快速获得了产业需求信息,并实现了资源对接。学生通过企业提供的实践基地或实训场景等方式,在理论指导实践的过程中获得了创新发展,而企业则将学生的创新进行产业化,通过大学生创新创业项目帮助当地企业实现了转型升级。

15.5　优化"互联网+"大赛保障体系

青岛黄海学院自 2015 年参加第二届"互联网+"大赛以来,在各二级学院创建了以工作室为载体的创新创业实践平台,强化了学科竞赛、科技创新训练,并面向有意愿的学生,搭建众创空间、创业孵化基地,培育创业项目,促进创新创业成果转化,构建了创新创业教育课程与创新创业训练、科技创新与成果孵化两位一体的教学体系,从而构建了一个内外协同的制度保障与服务体系。

15.5.1　制定校级师生奖励机制

学校面向校内师生出台专门奖励办法,对学生竞赛成绩给予学分置换,在先优评选等方面给予政策倾斜,将教师竞赛成绩认定为相应等级的教学成果、科研成果,纳入学校先优表彰体系。

15.5.2　建设创新创业教师队伍体系

学校整合内外资源,不断丰富创新创业竞赛师资队伍,构建以专业教师、科研人员、管理人员、企业家、投融资机构负责人和孵化器负责人为主体的师资队伍,为创新创业学生提供全方位辅导。

15.5.3　构建创业项目孵化加速体系

工作室与大学生创业孵化基地围绕创新创业项目制定孵化路线图,根据项目不同阶段的特点和需求,有针对性地开展项目辅导活动和融资路演活动,以实现项目孵化落地,提高项目的质量和创新创业成功率。

今后,学校将着力完善全覆盖、全方位的创新创业教育教学与实践服务体系,集全校之力推动"双创"教育和相关实践工作,通过整合校政行企多方资源,内引外联地发挥大学生创业指导委员会、协同创新专家咨询委员会和创新创业导师库的综合指导与高效助推作用,为"互联网+"大学生创新创业大赛的有效组织与全程跟进提供一条龙式服务。学校还需通过充分调动大学生创业者协会的积极性,拓展创新创业实践活动的覆盖面,着力于师生共同参与"互联网+"大赛的意识培养和能力提高,进一步完善创新创业大赛的管理体系,在统筹安排协同作战方面提高效率,在参赛准备、成果转化、产教融合等路径上取得更大程度的提升。

"互联网给社会带来了全新改变,特别是普惠大众、赋能生产和生活的生动实践。"(孟昭莉,韩元佳,杨才勇,许晨,2019)以之为平台的工作室实践载体,不仅坚持了以赛促教、以赛促学和以赛促创,更进一步落实了一系列的创新创业教育政策,基于"院园合一"校企协同育人机制,不断深化"四三二一"创新创业教育系统,为学校实现具有创新创业竞争力的应用型民办大学建设目标提供了行动依托和实效证明。

第16章

"双导"思维下基于工作室的创新创业教育混合式自主课堂模式实践研究 >>>

"双导"思维下的创新创业教育混合式自主课堂模式是基于师生同创的工作室模式。在师生共同申请的教学改革项目指导下,教师提出改革思路并设计改革路线图,参与学生对改革思路进行理解,教师对路线图进行分解后带领实验班级开展教学改革实践活动。此一模式制定了人才培养的目标,利用强有力的教学规范来指导改革并形成了"一种思维、两种形式、三个依据"的自主课堂模式。其中,"一种思想"是指"教师引导、学生主导";"两种形式"是指基于"双导"思维的在线课程建设和课堂成果展示;"三个依据"则是指在自主课堂建设过程中的在线课程建设规范、课堂成果展示规范和教学结果评价规范。

16.1 创新创业教育混合式自主课堂模式构建目标

师生同创工作室里的全体师生,在充分调研教学改革的环境、形式和教学改革实践后,发现高校都在快马加鞭地制作优质的在线网络课程,围绕网络课程进行教学质量提升工程建设,却忽视了课堂教学方法和模式的改革。优质在线网络课程扩大了学生知识的涉猎范围,增强了学生多元化的知识储备。多数高校把部分优质在线课程学习成果纳入学分中,但通过实地调查发现,基本上所有的高校都存在学生付费刷课、视频空播等现象,没有从根本上改变学生的学习状态,也没有培养学生主动学习的能力。

首先,师生同创工作室拟在以学生为中心的理念下打造在教师引导下由学生主导的在线开放课程。通过在线开放课程建设,可以提高学生自我学习的能力,增加学生的知识储备,提升学生的综合素质,提高学生的演讲能力,培养学生的学习自豪感和主人翁意识,提升在线开放课程在培养以学生为中心的理念、提升学生知识水平和综合素质方面的重要作用。

其次,师生同创工作室推广创新创业教育中的教师引导、学生主导的教学改革思想。教师要主动转变角色,重新进行自我定位。教师要加强对学生的思想、学习、实践和学术引导,探索引导的路径,树立学生在受教育过程中的主体地位,培养学生的主动学习能力,打造属于学生主导的课堂教学模式。

再次,师生同创工作室要充分调研专业建设及学情方面的具体情况,探索合理的人才评价体系。此举意在提升学生综合素质,建设符合高校教学改革特点的个性化人才评价标准,并有针对性地研究考核方式,详细制定适用于学生群体的建设考核标准和考核方法手册。

16.2 创新创业教育混合式自主课堂模式建设的总体思路

在总体上,创新创业教育混合式自主课堂模式的建设应坚持稳中求进、开放协同的原则,上下协调和整体联动是务必要做好的工作。在教师引导课程走向、教学规范和结果考核评定的同时,学生要主导知识结构、课堂教学、慕课建设以及考核结果等。

16.2.1 教育改革需解放思想、整体联动

创新创业教育教学改革需要高校高层管理者的坚定支持,充分授权师生同创工作室在教学改革方面的领导作用,同时由教务处制定关于开展教学改革的全部门联动措施及实施方案。教务处要成立专业教学改革小组,深入调研各专业改革需求,同时会同教学单位、教师、教学督导等部门和主体进行教学改革的有效沟通。各单位要坚持以学生主动学习为中心,促进教师引导下的学生自主学习模式建立。教务处要制定课堂改革的总体指导方案,强调教学改革的必要性,突出教学改革的重要地位,给予教师一定的改革决策权,鼓励教师依托现代化信息技术手段改革课堂教学方法。师生同创工作室建立之初全体师生的首要任务便是努力提升教学质量,创新研究教育教学方法,在高校教学改革遍地开花的良好氛围下,不断进行头脑风暴式思想碰撞,师生联动进行教学改革实践。

16.2.2 基于"双导"思维的创新创业教育混合式自主课堂模式

教师要遵循学生学习的基本规律,要建立循序渐进的改革思路,杜绝出现硬性的课堂教学改革方案。教师过分强调以学生为中心,硬性地把课堂教学交给学生。学生并没有掌握主导课堂教学的方式和方法,同时对知识的把握还不够透彻。这样学生就容易过分依赖互联网工具,不利于创新思维的培养和综合技能的提升。自主课堂建设需分三步进行。

16.2.2.1 教师引导课程走向,学生主导知识结构

在课程讲授前,教师讲授的内容不再指定教材。教师应充分分析课程知识产生的基础和发展趋势,同时结合新时代国家建设及企业发展所需的理论和实践知识储备情况,对理论和实践知识进行重新梳理和总结归纳。在进行整理时教师要注重知识的相通性,注重与其他知识内容的相互融合,最终形成基于知识结构的教学大纲。同时,根据学生对于未来自身发展的需求,教师应从整体上规划以学科为中心的知识结构层次,使知识内容的构建更加注重实用性、应用性和正确性。教师应以科学的态度深入探究知识内容的深度和宽度。

在教师引导下,学生对教师制定的教学大纲中的知识点进行深层次研究,在研究过程中更加注重知识与实践的结合。根据"知识来源于实践,实践需要知识"的理念,学生建立兴趣组挖掘理论与实践知识结合的潜力。在此过程中,学生的知识水平普遍提高,创造性思维不断涌现,学生对知识点的内容和外延知识的需求大幅提高。这时学生主动搜集资料、整理分析,形成系统的知识内容。随着知识的不断深入探讨及研究,学生主导的知识结构不断形成,知识内容不断充实,课程的综合知识不断延伸,同时教学大纲也将不断动态修正,为提升人才培养质量做好铺垫。

16.2.2.2 教师引导教学规范,学生主导课堂教学和慕课建设

师生同创工作室全体成员高度认可教学规范在教学系统建立中的重要作用。教学规范将直接决定教学改革实践的顺利进行,同时也能体现学生学业评价的公平和公正。师生同创工作室成员经过长期的教学改革和实践,结合专业特性,制定能指引学生主导课堂的规范。教学规范包含教学基础规范、慕

111

课制作规范、柔性规范和课堂活动评价标准等。

学生在教师引导下主要开展课堂教学和在线课程建设两个方面的工作。在学生主导课堂教学环节中，在教师引导下学生主导进行前期的知识结构建设之后，由教师对学生进行小组建设，主要包括评价组、导师组和主讲组。教学活动实行小组轮换机制，人人都可以参与到这三个组别当中，贯彻进行各自的职责和扮演各自的角色，采用演讲、教学比赛、项目建设、辩论赛等方式进行课堂教学活动，激活全员主动参与的热情，增强团队参与积极性，提高学习效率。

在学生主导在线课程建设环节中，在线课程的内容主要包含课堂教学视频记录和学生知识点讲解两个方面。这些内容需要学生在教师引导下学习Premiere Pro、Camtasia、剪影等视频剪辑软件，对课堂录制和课后录制视频进行制作，制作完成后上传至在线课程网络平台中并公开进行展示，充分肯定学生的建设成果，提高学生学习的主动性。

16.2.2.3 教师引导结果考核评定，学生主导考核结果

首先，改革考核指标体系。目前常用的考核指标有作业、课程互动、签到、课程任务点、访问统计、讨论、阅读、测验、奖励积分、直播等方面。项目组普遍认为考核指标的设置不是千篇一律的，需要针对不同的班级学情和学生的个体学习情况来制定，增加灵活的奖惩指标，鼓励学生的个体特色发展，对在课程建设、课堂表现中突出的个人进行奖励。因此，该环节应该提供多种考核指标体系设置。

其次，设计有针对性的考核内容。针对性考核内容的设计直接影响到学生的学习效果，也直接决定着学生专业学习的兴趣和深度。师生同创工作室成员通过访谈、调查、需求分析等方式获取学生对知识的需求层次，通过行为分析、观察等方式获取学生学习过程中的痛点，找到影响学生主动学习的因素。然后，全体师生基于教学大纲分解知识内容，设计考核内容，提升内容设计的合理性和可操作性。

学生需要勇于发表独特的见解，对所学内容进行思想的碰撞。教学需要分阶段设置不同的主观性题目，合理设计讨论内容，制定讨论的约束条件，及时进行过程的反馈，制定合理的考核指标，实现设计－参与－互动－反馈－修

正-评价过程的良性循环。除了线上讨论活动外,应鼓励学生参与线下活动,实现线上线下相结合,如开展辩论赛、展示会、交流会等,让学生在学习知识的同时,语言表达能力、组织能力也得到了锻炼;应适当建立一些激励机制,激发学生的学习兴趣。当学生通过自己的努力真正解决一个问题时,会获得巨大的成就感。这种正面的情绪能够成为学生继续前进的动力。

16.3　创新创业教育混合式自主课堂模式实践

下面是主要通过创新创业课程"创业之网上支付与结算"进行的教学实践探索。该课程主要考核指标包括占据 70% 比例的过程性考核指标和占据 30% 比例的期末考试成绩。其中,过程性考核指标又包括了 5% 的考勤、5% 的个性化作业、35% 的课堂教学评价、15% 的慕课建设、5% 的线上讨论和 5% 的线下互动。在期末考试成绩中,则有 30% 是主观题目。

16.3.1　课堂环节

此环节包括确定知识结构和学生主导课堂两部分。第一,确定知识结构。教师和学生在确定知识结构时,搜集各种相关学科知识,参考多种最新教材,网罗最新社会金融领域的发展动态,秉承理论和实践相融合的理念。学生在学习金融知识时,会分析自身及社会发展需要,从整体上认识到金融知识结构应该涵盖政治、金融、管理、法律、理财、互联网等方面,知识内容方面应涵盖国家金融体系、互联网金融发展、金融支付工具、理财意识培养、理财工具使用、金融法律等方面内容,以这些主要内容为基础描述详细的知识内容,同时加强对具体内容的研究深度,形成完整的知识结构体系,最终达到学以致用的目的。第二,学生主导课堂。教师把学生分成评价组、导师组和主讲组三个部分,每个组都分成若干项目组,每个项目组都将承担评价、指导和讲课任务。教学环节主要依据教学规范通过教学比赛的形式进行,主讲组通过制作优美的 PPT 或是多种知识展示形式,对已经整理的某个知识点的全部内容进行演讲,学生可以通过讨论、案例分析、经验分享、数据分析、视频辅助、表演等形式进行展示;评价组按照教学规范对主讲组的行为、语言、表现形式、表达方式、知识点结构、互动效果等进行评价;指导组成员按照教学规范对评价结果进行复核,使评价结果公平、公正,评价结果直接纳入课程评价分数。

16.3.2　课程后续环节

课程后续环节主要有慕课建设、创新性在线讨论、个性化在线作业和产生阶段性学术成果。

第一,慕课建设。慕课的建设以项目组为主体进行,项目组内有比较完善的组织结构、明确的组织分工。项目组成员对"创业之网上支付与结算"知识结构有了清晰的认识。每个成员负责部分知识点的讲解任务,知识点的讲解要有深度,不能简单地描述概念、特点、作用等内容。知识点的讲解要具体,真实反映知识点的本质,每个成员需要详细研究和探讨。教师负责指导学生进行视频工具的使用和视频讲解,学生也可以自行选择录制和剪辑工具。学生按照教师制定的在线课程建设规范进行在线开放课程的建设活动。学期结束时每个项目组建成初步的慕课课程,并接受其他项目组的点评,同时提交给教研室教师进行综合评价。

第二,创新性在线讨论。课程的学习需要学生勇于发表独特的见解,教师要鼓励学生针对所学内容进行思想的碰撞。教学需要分阶段设置不同的主观性题目,合理设计讨论内容,针对不同的知识点和最新学科知识设置主观性题目。

第三,个性化在线作业。我们要更改传统的纸质作业形式,避免学生纸质作业抄袭、机械作业的情况,让学生利用互联网工具进行作业形式的创新,同时依据碎片学习、巩固练习和了解前沿学科知识的目的,提供多元化的作业形式。

第四,产生阶段性学术成果。学生应高度重视阶段性学术成果撰写工作,按照学科的要求,保质保量按时完成论文撰写工作。严禁抄袭、代作等弄虚作假行为,一经发现,学术成果撰写成绩按不及格处理。学生应该用大部分论文篇幅来展示创新性观点和思想,不能只是简单的描述性文字的撰写。主要写作可以通过"选题背景-现状描述-分析问题-解决问题"的思路来进行。鼓励学生对写作思路的创新,注重对创新思想和观点的考核。

16.3.3 课程过程性考核指标标准

教学过程的实施不能离开规范的过程性考核。随着教学经验的不断积累和教学实践的不断进行,教学规范将不断完善和充实。目前,师生同创工作室针对教学过程制定的教学规范有《关于促进线下讨论的实施意见》《关于作业互评的指导意见》《课程微课视频制作的知识点汇总》《课程微课制作的通知》《阶段性学术成果的实施意见》等。这些着实提高了课堂教学的实施效果。

16.3.4 课程考核

课程考核是必不可少的关键环节,主要是全员参加的期末考试。过程性考核指标权重的设置也很重要,目的在于对学生的创造性思维重点进行测试。首先,是期末考试。期末考试虽然采用传统的全员统一考试,但是在试卷的内容上做了很大的改变。试卷全部采用主观性题目,考核的内容主要来自知识点内容、线上讨论和线下互动,重点考察学生的创造性思维、对知识点的理解程度和理论与实践的结合程度。这在一定程度上与课堂教学的过程相结合,巩固了课堂教学的成果,同时促进了学生的主动学习能力,督促学生不断创新观念,建设自主课堂。其次,关于过程性考核指标权重设置。该课程的结果考核比较注重过程性考核在总成绩中所占的比重。为避免过程性考核过于简单和流于形式,要实时调整各考核指标的权重和形式,同时加强过程性考核指标的监控,调查学生的实际需要,调研学生的学习行为,分析学生的知识需求,洞察学生的学习情况。要建立动态指标体系库,设置动态指标模块,实时调整组合考核结构。

16.4 创新创业教育混合式自主课堂模式建设需注意的问题

在创新创业教育混合式自主课堂模式的建设过程中会存在不少问题,现择其主要的几点做如下总结。首先,教师需做好引导,由学生主导课堂教学。任何教育改革的成果都是相辅相成、互为补充的。我们应提倡把教育改革的优秀成果充分结合起来,利用互联网充分串联起高校、教师、学生,建设配套的教学改革方案,支持建设在线开放课程,思考创新的教学方法和模式,改变死板的课堂气氛,激活学生主动学习的动力,由学生在教师的引导下主导课堂教学。其次,要明确课堂教学改革的重点,改变课堂教学改革的具体方式、措施和传统的课堂教学模式,颠覆陈旧的在线开放课程建设的理念。这有利于学生的主动性、创新性、共享性学习,能够使学生在教师引导下成为课堂教学的主体并且扎实掌握所学知识,提高教学效果。最后,教师需梳理出课程的知识点,让学生在教师的引导下进行在线网络课程建设,不断提高其参与学习探究的深度和宽度,使学生主导课堂教学活动并分享所学知识,提高综合素质。

由此可见,虽然基于"双导"思维的创新创业教育混合式自主课堂模式并不是十全十美的,却以明确的目标、开放的设计思路、精细的实践考核等丰富着师生同创工作室的实践内容,且以良好的实效不断激励着践行者们去开展新的探索。

第17章
工作室载体下以提高学生职业能力为导向的双语教学模式构建探索 >>>

当前，产教融合进程的日益加快，对国内各行各业也产生了巨大影响，在高等教育层面影响到应用型本科院校与国际接轨的思路践行和课程设置等。当前，"采用中英文双语方式进行教学，已成即时之需"（郑晴云，2007）。为了使自己培养的人才能够很好地适应国内外两个市场，很多学校基于不同的专业开设了双语课程，且大都通过英汉双语课程来讲授专业课程知识。但各大院校纷纷开设的双语课程很多都徒有形式，并没有达到双语教学的真正效果。本章本着实用至上的原则，瞄准提高学生职业能力的目标，以工作室为实践载体并结合高校应用型人才培养的实际需要，对双语教学模式尝试着进行了初步探讨，希望以此来抛砖引玉，为新时代国内高校在专业人才培养模式的探索方面添砖加瓦。

17.1 以提高学生就业能力为导向的双语教学模式内涵

首先，施教者要对工作室载体下的双语教学模式内涵有一个清晰的理解。它不同于传统的语言教学，但在实际教学过程中，人们却很容易把二者混为一谈，最后又大部分回到传统语言教学的框框里。其根本原因，在于没能很好地把握双语教学的真正目的和内涵。

根据英国著名的朗曼出版社出版的《朗曼应用语言学词典》所述，双语教学意思是在学校里应用外语来教授知识性科目。上述定义表明，双语教学的实质是运用外语教授知识性科目，双语教学是对传统语言教学和专业教学的充分整合,是在传统语言教学的基础上利用外语对学生进行的专业课教学。这里首先要明确的是,双语教学强调的是在非语言类学科中用外语进行教学,通过非语言类专业学科知识的学习来习得外语。双语教学绝不仅仅指学生听教师在外语课堂上用外语进行语言教学,更强调的是师生之间用外语进行学科知识的学习交流和互动。它是关于专业课的教学,在工作室载体下更加侧重于培养学生的双语思维能力和交际能力,其目标是培养学生在本专业领域进行双语思维、工作、学习和交际的能力。

之所以会产生角色不清、教学目标不明、教学过程偏离初衷的现象,主要原因在于应用型本科院校对本科学生培养的定位不准。所谓的应用型本科院校,即应用技术型本科学校,指的是以应用技术类型专业为办学定位,而不是以学术型专业为办学定位的普通本科院校,是区别于学术型本科(普通本科)的一种本科类型。20世纪80年代以来,国际高等教育界形成了一股新的潮流,那就是普遍重视实践教学,逐渐强化应用技术型人才的培养。随着我国人才市场化的深入,学校培养和市场需求脱节的现象愈发严重,国内的诸多高校近年也纷纷在教育教学改革的探索中越来越注重实践环境的营造和强化,因为人们已越来越清醒地认识到实践教学是培养学生实践能力和创新能力的重要环节,也是提高学生社会职业素养和就业竞争力的重要途径。由此,应用型本科院校的双语课程设置、教学模式的采用也要以提高学生就业能力和职业素养为目标。

17.2 树立正确的工作室制双语教学实施观念

在工作室载体下开展双语教学,首先要确定施教的科目课程。确定科目课程应以企业需求为出发点,以提高学生就业能力为导向,而不是为了双语教学本身进行双语教学。此举充分融合了专业学习和语言学习两个过程,将兴趣和实用性结合了起来,因为只有在使用中有了实用性才能更大程度地激发学生的学习兴趣和热情。以旅游类相关专业为例,高等教育中的主要专业科目,包括旅游基础知识和文化、法律法规、心理学和营销学等核心课程。在此,可在工作室载体下将相关课程率先导入双语教学。课程设置在开始阶段切记不可眉毛胡子一把抓,人云亦云,一定要根据自己学校的专业设置方向,有所侧重,才能打开局面,尽快提高学生的就业能力和职业素质。

17.3 工作室载体下双语课程教学实施设计的践行思路

首先,关于双语教学的手段、方法。双语教学需要配合多种教学手段和方法,对教学内容灵活处理,充分应用多媒体技术,让学生自然地融入双语授课的氛围,掌握学习内容。比如工作室载体下的酒店管理专业教学,可配合多媒体模拟实训,在某些课程中采用交际式双语教学模式,基于模拟现实的场景开展双语教学,将现实性与实用性相结合,以取得积极的效果。

其次,关于双语课程教学实施设计。这里涉及双语教学模式的选择问题。目前国际上较为通行的双语教学模式有沉浸型、导入型、双轨型、过渡型、双联型和三向分流型模式等。按照《朗文应用语言学词典》的解释,沉浸型双语教学,就是学校使用一种不是学生在家使用的语言进行教学。学生刚进入学校时使用本族语,然后逐渐地使用外语进行部分学科的教学,其他学科仍使用母语教学,这种模式称之为保持型双语教学。学生进入学校以后部分或全部使用母语,然后逐步转变为只使用外语进行教学,这种模式称之为过渡型双语教学。那么,匹配到工作室载体应该采取何种模式呢?这要立足于学生、学校的实际。本书认为可以尝试按照阶梯式逐步实施双语教学活动,在不同阶段采用不同的教学模式。"梯进式双语教学模式是根据沉浸型双语教学理论,结合高校实际情况提出来的。"(刘春丽,2011)梯进是指由开始的 learn about English 逐步过渡到 learn from English,最后达到 learn with English 的阶段。再以旅游类相关专业为例,教师可以把大一阶段定为 learn about English 准备阶段,或称之为保持型双语教学阶段,此为第一阶段。这个阶段在大一上学期,学生刚刚从高中以应试为导向的英语语言学习中走出来进入大学,对于大学教育的培养目标不太清晰,思想上的认识也不到位,因而在大一阶段可尝试开设部分相对简单的课程,比如"客源国地区概况""中国旅游文化"等。教师甚至可抽取部分章节尝试开展双语教学,先进入过渡适应性阶段。根据惯例,双语教学的要求是外语和中文各占50%。在这一阶段,教师可以适当地将外语比例降至30%~40%,让学生逐渐适应这种改变。在大一下学期,教师可以尝试进入 learn from English 阶段及过渡性阶段或第二阶段,科目可选择"饭店前厅管理""旅行社经营管理"等语言要求不太严格的课程,而在这一阶段外语的比例应是 60%～ 70% 为宜。从大二开始当条件成熟时可进入 learn with English 阶段,这一阶段外语的比例不少于 80%,甚至部分章节达到 100%,采用沉浸型双语教学模式,让学生立体式全方位将外语真正作为一种思维工具进行专业课的学习。

最后,还有双语专业课程和传统大学公共英语相互协调的问题。在此阶段,即便是大学公共英语教学,也应围绕应用型人才培养目标来进行相应调整,也应由传统的公共英语教学转到为专业学习服务这一本质上来,在工作室提供的便利空间中实现"突破性转型"。公共英语教学应为双语专业课的教学做充足的语言思维、听说能力、专业词汇等准备。在大一过渡阶段,公共英语的课时比例可以适当增加,课堂教学的重点需要转移到听说能力和英语思维的训练上来。随着双语教学的深入,公共英语可适当减少课时,最后完全由双语课程取代。

17.4 以提高学生就业能力为导向的工作室制双语教学模式构建条件

以提高学生就业能力为导向的双语教学模式的实施涉及很多方面。双语教学这个术语看似简单,但其实涉及的因素十分复杂。因为双语教学的实施取决于很多教学变量,包括教学需求分析、教学目标定位、学生个体情况差异、课堂模式选择、授课教师的专业和语言素质等。

17.4.1 关于教学需求和教学目标定位问题

产教融合是应用型本科高校转型发展的主要途径。国家 2017 年底发布了《关于深化产教融合的若干意见》(国办发〔2017〕95 号),将产教融合上升为国家教育改革和人才资源开发的基本制度安排,紧紧围绕统筹推进"五位一体"总体布局,协调推进"四个全面"战略布局,强调校企协同,合作育人,充分调动企业参与产教融合的积极性和主动性,构建校企合作长效机制。文件指出,深化产教融合的主要目标是逐步提高行业、企业参与办学的程度,健全多元化办学体制,全面推行校企协同育人,推进产教协同育人。其中着重强调要大力支持应用型本科和行业特色类高校建设,紧密围绕产业需求,强化实践教学,完善以应用型人才为主的培养体系,推进专业学位研究生产学结合培养模式改革,增强复合型人才培养能力。要紧密对接行业、企业需求,精准确定人才培养目标。为了解决人才培养方案中培养规格不明确、培养目标过于宽泛等问题,学校要开展全方位的人才需求调研工作,对接行业、企业岗位需求,细化人才培养规格和人才培养目标。

工作室载体下的双语教学也必须围绕产教融合这一基本架构展开,面向行业职业标准,构建模块化课程体系。各专业应围绕应用型人才培养目标,按照"岗位群划分—素能分解—方向凝练—模块划分—课程体系构建—教学方法改革"的思路,大胆探索,使模块化教学内容和教学方法同行业、企业需要的职业能力直接对接,强化学生实践应用能力的培养,对接职业岗位工作过程,强化职业应用能力的培养。

17.4.2　做好学情调查,实行灵活多样的教学形式

在工作室载体下,双语课堂教学有效开展的前提是对学情的调查研究。未来双语教学研究的趋势将是从"如何教"到"如何学"的研究重点转移,聚焦于学习者的个体差异和学习过程。在双语教学过渡阶段,我们要充分了解学生的实际情况,广泛开展调查研究,对每个参与双语课堂教学的学生的个体差异提前了如指掌。由于学生外语水平差异,水平高的学生会表现出较高参与积极性,而外语水平较低的学生往往产生畏难情绪不愿参与,甚至放弃学习。基于这种情况,根据学生水平可对其外语情况进行分组,将英语水平高的学生和水平低的学生分在一个组,根据成绩优劣加以搭配,形成一对一、一对多、多对一等帮扶学习小组,教师对其加强指导,互帮互助地让所有学生都能达到顺利开展双语教学的语言要求。除此之外,还可采用线上、线下相结合的教学形式,充分利用网络教学平台,比如微信、钉钉课堂、腾讯课堂等。学校的超星学习通就是一个很好的学习交流平台,教师可将教学相关资料按难度分类,提前上传到平台。基础薄弱的学生可以预习基础部分内容,水平高的学生可以预习难度大的部分,进行拓展性学习。教师应鼓励学生在交流讨论和答疑栏目中用英语语音进行交流,鼓励学生张开嘴巴大胆用外语说出自己的学习心得和困惑。课后练习和课堂测试也可以采用灵活多样的形式。每学完一

个章节,教师会根据该章知识点布置一定量的全英语作业,尽可能以阅读理解为主,或采用超星学习通软件给学生做随堂测试,采用语音答题的形式。根据测试结果,教师可以了解学生对学科知识的掌握情况,对易混易错点进行针对性重点拓展性讲解,对专业词汇进行补充。

17.4.3 双语教学成败的关键在于师资

高校应对现有教学资源进一步整合,让公共外语教师按照个人意愿确定教学专业大类。以在工作室载体下讲授旅游类专业的公共英语为例,旅游专业的教师以英语学习为主,讲授公共英语的教师也可以培训旅游管理专业知识,二者相互学习、融合,既具备语言素质又具备专业背景的教师被充实到双语教学的课堂中。近年来,学校招聘了一批有海外留学背景的旅游专业教师,把他们充实到我们专业教师队伍里。他们在英美等国家受过良好的专业学科教育,又有语言优势,为我们双语教学的实施提供了可靠的师资保障。同时,学校也应该积极联系社会和对口企业、行业,从社会上选拔水平较高、能力较强的人参与到学科建设中,进一步拓展教师的来源渠道。另外,学校也可以和其他兄弟单位联合,尤其是对于那些水平较高的院校,可以吸引它们的师资到本校来担任兼职教师,例如学校和中国海洋大学共建实践课程就是一个很好的尝试,学校利用它们的品牌影响力和实践教学水平进一步助推旅游专业双语教学能力的提升进度。

17.4.4 教材在双语教学中的重要性

适用于工作室载体下的教材在双语教学中尤为重要,因而选择一套适合自己专业且能有效开展双语教学的教材很是关键。像旅游市场营销学,其目标是培育适应全球化大旅游发展的旅游市场营销人才,采用原版的外文市场营销学教材十分必要,尤其是国外资深学者编著的教材。比如,被誉为"现代营销学之父"的科特勒博士著的旅游管理类英文原版教材《旅游市场营销》(第4版),就是英语原版教材的精品之一。书中作者从世界旅游研究的大视角、大思路出发,注意探索旅游市场营销研究方面的新观点,精辟论述了旅游市场营销的成熟理论、方法和应用。但原版教材也有其不足的一面,由于其理论、案例、社会背景和法律都是取自国外,我们的学生学习起来有些枯燥和晦涩。考虑到学生的外语水平和知识背景,在实际教学中教师需要对外语原版教材进行相应的补充,有针对性地根据课堂内容补充中外文讲义,包括双语结合的知识框架图、重点难点的专业词汇梳理、双语案例,便于学生在课下更好地整理所学知识。高校旅游类专业在双语教学教材的选择上,要广泛参考其他优秀学校的教材选取情况,根据自身实际情况,在双语教学过程中充分借鉴,开展比较性教学研究,力争自己开发出适用性较强的双语教学教材。

17.4.5　现代信息技术的运用

现代信息技术的应用为工作室载体下双语教学的有效开展提供了强大的科技力量,为双语教师开展双语教学提供了时间保证,也为学生有效参与课堂提供了生动形象的语言环境。工作室充分利用多媒体技术并将其融入各个教学环节,能够让师生的学习内容与教材充分融合,实现教学效果最大化。

17.5　优化对双语教学的调查和考评

工作室载体下的双语教学考核,应把重心放在体现学生主体地位和促进学生的学习发展上。工作室不是简单的双语应用场所,而是提升能力的孵化器,其评价可以采用形成性考核与终结性考核相结合的方式。期末考试需采用开卷笔试形式,全英文试题,在原则上要求学生全英文作答。考查形式除了试卷之外,还要根据学科情况辅之以其他考核方式,比如情景模拟。像"酒店前厅管理"这门课,教师就可以先用英语展示一些实际案例,然后让学生具体分析如何处理游客的各种投诉等。为了强调双语教学课程的学习过程,平时成绩占到40%,期末考试成绩占到60%。平时成绩包括课堂出席与参与、课内外作业、小组活动以及其他等。

"开设双语教学是培养复合型、国际化人才的必然要求。"(刘新颜,2017)随着我国国际地位的日益提升,产业和国际日趋融合,高校双语教学已是大势所趋。诚然,基于工作室的双语教学的有效开展与实施是一项庞大的系统工程,一旦开始了尝试,就不能停下追逐梦想的脚步。为了切实提高此载体下的双语教学成效,高校应选择性借鉴国外双语教学的经验,大力培养师资队伍,营造良好的外语学习环境。应用型本科院校的教师应不忘初心、牢记使命,始终以培养学生的就业能力为导向。相信以服务学生学习和职业规划为抓手且借靠工作室实效功用进行的双语教学实践活动,一定能够帮助施教者探索出更具适用性和实效性的应用型双语人才培育模式。

下 篇

以创客工作室为载体的
创新创业教育典型案例

第18章

科技创新工作室:基于"前孵化器"建设的创新创业能力"双培育" >>>

深化高校创新创业教育改革,是我国实施十九大报告中所提创新驱动发展战略、建设创新型国家的重要举措,也是培养学生创新精神和实践能力的重要途径和落实以创业带动就业、促进毕业生充分就业的重要措施。当前,我国创新创业教育尚处于起步阶段,存在着诸多问题。青岛黄海学院作为民办应用型本科院校,问题尤为突出。相对于国办重点高校,学校生源质量不太高,学生平时对于课堂基本知识掌握不扎实,专业知识基础较弱,实践操作能力也不太强,进一步影响了其创新创业能力的提高,因而在毕业后就业岗位薪资中低端者居多,也存在着学生专业和岗位相关性不大的问题。如何增强学生创新意识、提高专业技能和创新能力,为其创业做好"前孵化"准备并降低创业失败风险,是科技创新工作室在学生培养过程中的主要研究目标。

18.1 科技创新工作室的工作目标

科技创新工作室根据智能制造学院的专业设置特点,针对电气工程及其自动化专业、机械设计制造及其自动化专业、电子信息工程专业等专业要求实践能力强的问题,以课外活动为主导,将基础实验、学科竞赛、横纵向课题、创业指导四部分融为一体,贯穿到学生四年的学习过程中,一步步提高其创新实践能力。工作室通过一系列实践活动,激发学生的自主学习意识,增强其自学能力,提升其综合素养等,使其在创新意识与创造能力等多层面得到了全面的训练与提高,不仅建立了大学生创新创业能力层级式培养模式,构建了能力素养与精神品质"双培育"的全方位教育体系,也为学生创新项目成果顺利进入企业孵化提供前期技术准备和思想指引。通过创新成果进行创业,提升大学生的创新创业及就业能力,在推动"前孵化器"发展的同时,也能够为社会培养高层次创新创业型人才。

18.2 构建"前孵化器",提升大学生创新创业能力培养的方法和措施

工作室借助于学院现有实验室资源,联合系部合作企业,进行"前孵化器"建设,实施专创融合的创新人才培养方案,围绕着具有创新精神和创业意识的高素质应用型人才培养目标,将专业教育与创新教育相融合,构建以多层次知识链条、多元师资队伍链条、多阶段实践和孵化链条、多方资金链条等多个维度为重点的教学与科研综合体。工作室坚持创新创业教育新模式与新思路,坚持创新引领创业、创业融入专业,建立适应学生需求的创新创业人才培养模式。

18.2.1 建立多元化培养模式

"前孵化器"的建设离不开多元化的培养模式。工作室通过以赛代练、科研助力、校企合作等实践模式,不仅打造出了团队精神,培养了一大批素质过硬的创新创业型人才,也在较广阔的实践层面拓宽了学生视野,熔炼了其专业品质和创新精神。

18.2.1.1 以赛代练培养模式

工作室组织学生积极参加各种竞赛活动,以赛代练,在准备比赛的过程中学习和锻炼,培养学生的创新能力和创业意识。比如,组织学生参加全国大学生创青春竞赛、电子设计竞赛、挑战杯赛等,可让学生自己跑市场购买所需原材料和元器件,增强了他们在经济、成本、管理等方面的意识。再比如,参加全国大学生电子设计竞赛,则对于规定时间内完成设计有所要求,其中的调试、论文写作、组合不同专业年级的学生和根据特长组建团队以及进行赛前分工准备等等,既提高了学生的动手能力,也增强了团队合作意识,为培养具有良好创新能力、综合素养和专业技能的复合型人才提供了最大可能。

18.2.1.2　科研项目培养模式

科技创新工作室通过协会指导教师将科研项目带入工作室,遴选优秀学生组建团队,和教师共同完成科研项目。近年来,协会指导教师获批多项省市级科研项目,通过把项目分解为子项目的形式,把简单的项目交给工作室学生做,提高了学生的动手能力,也开阔了学生的视野,帮助他们了解到科技前沿的发展动态。通过工作室实践载体,学生们的专业素养得到了提高,团队合作精神也不断得以培养,为学生未来的发展创设了良好条件,有利于提高创新创业人数和创业项目的数量与质量。

18.2.1.3　校企合作培养模式

校企合作培养即"企业项目 + 导师指导 + 学生自主学习 + 项目创新"。科技创新工作室借助于院系平台同校企合作相关企业建立深层次合作,指导学生创新创业。工作室依靠合作企业,充分利用企业的资源优势,拓宽合作范围,将优秀的企业资源引入到大学生创新创业活动中。2011 级协会优秀毕业生宋培璞,毕业后创建了青岛东方惠诚电子有限公司,从事冷链系统温湿度检测项目研发。工作室通过选派协会同学到企业参观、调研、学习,在检测方法上产生了新思路,后续开发设计了海水养殖无人巡检船,申请了专利,提高了学生的创新能力,也为后续创业打下良好基础。

18.2.2　多角度提高学生创新创业能力

提高学生的创新创业能力,需要导师、学长的引领和提携,也离不开实时操练机会的捕捉。辅之以企业家精神的培育意识和不断推陈出新的探索心智,并加强经验推介和彼此间的交流,可以起到事半功倍的功效。

18.2.2.1　导师学长制培养模式

工作室将导师制和学长制结合起来,以工作室为平台,由专业教师主导,联合企业工程师对学生进行指导,以学生为主体完成项目。工作室建立了专业辅导体系"ONE TO ONE",采用"大带小""老带新"的辅导方式。高年级同学是师傅,低年级同学是徒弟,一级级延续下去,完成知识技能的传承。若出现了难以解决的技术问题,导师会给予指点。导师学长制的工作模式有利于降低导师工作强度,培养学生专业能力,也有利于项目的管理和团队人才的可持续培养。

18.2.2.2　创造实践动手的机会

工作室积极为学生提供各种实践机会和环境,让学生尽可能多接触生产实际。工作室成立家电维修小组,利用寒暑假及周末开展公益维修进社区活动,对社区居民损坏的小型产品进行免费维修,培养了学生的公益责任感,锻炼了学生的专业技能,为以后的创业积累了一定的经验。

18.2.2.3　培养学生的创业精神和企业家精神

工作室请协会创业的学长作报告,举办专题报告会。听取学长的意见、建议和有关创业经历的介绍,会使学生了解到创业过程的艰辛和快乐,激发他们的创新意识和兴趣,引导其主动参与科技创新和创业实践活动。

18.2.2.4　鼓励和帮助学生申报专利产品

工作室支持学生将平时的创新成果申报为发明专利,保护自己的知识产权。学生们也可以通过出售自己的专利来获取启动资金,为以后的创业奠定基础。工作室还鼓励持有专利的学生开办公司。近两年,工作室学生专利授权达到了 9 项,有 11 项在申请中。

18.2.2.5　开展思想和经验交流

工作室定期召开成员例会,在工作室成员之间、学生与教师之间、毕业生和在校生之间开展思想和经验的交流与沟通。工作室在将成熟的创新思路变成创新成果的同时,接纳有大胆的创新想象和看上去还不成熟的创新构思,甚至是有些不切实际的创新梦想和幻想的学生到工作室中来,激发、引导他们在日常生活、谈话中发现问题,进而实现创新。设计产品时,工作室会在个人或小组创意设计的基础上进行集体研讨,充分征求其他成员的意见,培养互相学习、共同进步、群策群力的团队精神,这有利于培养学生的协作精神。工作室也建立了 QQ 群和微信群,加强工作室成员和历届成员之间的联系,以此作为今后创业人才的储备。

18.3　条件保障

良好的条件是推动工作室建设的有力保障。这些条件,不仅包括组织领导和培养机制,也不可缺失科学的管理与全面的绩效考核。

18.3.1　组织领导保障

工作室是一个开放的理实一体的教学窗口。工作室由分管院长全面负责、系主任落实,由专任教师担任工作室负责人。负责人的主要任务为指导学生完成各类讲座、课题、竞赛和项目,同时做好工作室的年度计划和预算,管理工作室的日常事务。

18.3.2　培养机制保障

人才是工作室长远发展的核心资源,由此培养机制体现了开放性、连续性和融合性特点。打造良好的创新创业团队,首先要在全校范围内选拔喜欢动手、对编程和操作感兴趣的学生,依据学生各自特长,组成项目团队,以工作室平台为依托,通过技能竞赛、校企合作项目、创新创业大赛等,并在专业教师的启发、引导下,对各团队成员进行分工,使大家更好地交流和合作。组建团队时,要考虑学生的梯队培养,对所有工作室成员建立个人电子档案,完成对成员基本信息的采集,掌握项目的进展情况、岗位工作情况,建立老带新制度。毕业后的同学,后期根据项目情况,仍然可以参与、交流,实时跟进、解决项目中存在的问题。

18.3.3　管理考核机制

"绩效考核需要抓绩效、要结果和做复盘。"(李子霄,2020)由此,科技创新工作室建立、健全了各项管理制度,推行成员班级化管理模式。随着协会规模的逐年扩大,各项规章制度也逐步健全。工作室根据项目要求,对岗位进行设置,发挥团队成员的特长,并合理分工,采用项目团队化、成员班级化的管理方式,逐级进行管理,层层落实工作,对日常培训加以规范并定期考核,督促成员取得较大进展。

18.4　实施成效

科技创新工作室成立以后,学生和教师获得了双丰收。2015届毕业生宋培璞、2018届毕业生罗金涛等协会成员先后创立了青岛东方惠诚电子有限公司、青岛恩威电子科技有限公司等多家企业,年销售额数百万元。工作室被评为西海岸新区优秀社团,涌现了电信天翼奖学金获得者、山东省优秀创客等一大批优秀学生。

在教学互长、学生发展的同时,工作室教师也取得了丰硕成果。近三年,团队教师获批山东省重点研发计划2项、山东省教育厅科技项目4项、校级科研项目5项、山东省优秀科技成果三等奖1项,多人获得山东省科普专家、西海岸优秀青年人才、青岛市优秀教师等称号。

近年来,科技创新工作室参加的各类比赛及成绩如下。2017年5月获第五届山东省机器人大赛二等奖和第十五届"挑战杯"海尔山东省大学生课外学术科技作品竞赛三等奖各一项。2017年7月获第十二届全国大学生"恩智浦杯"智能汽车竞赛山东省二等奖一项、优秀奖一项。2017年8月获第十四届山东省大学生机电产品创新设计竞赛一等奖一项、二等奖两项、三等奖六项。2017年8月获"开元杯"山东省大学生智能控制大赛一等奖一项、二等奖两项、三等奖五项。2017年8月获全国大学生电子设计竞赛国家级二等奖一项、山东省一等奖两项。2017年9月获"建行杯"第三届山东省"互联网+"大学生创新创业大赛铜奖一项。2017年9月获第九届"迈迪网杯"山东省大学生机器人大赛二等奖两项、三等奖一项。2017年10月获第六届山东省高校机器人大赛二等奖四项。2018年5月获第十五届山东省大学生机电产品创新设计竞赛二等奖一项、三等奖两项;获第八届全国大学生机械创新设计大赛山东省一等奖一项、二等奖一项;获第十五届山东省大学生机电产品创新设计竞赛三等奖三项;获第六届山东省大学生机器人大赛二等奖一项;获第二届山东省大学生智能控制大赛一等奖二项、二等奖三项、三等奖四项;获"创青春"·海尔山东省大学生创业大赛二等奖一项。2018年7月获第十一届全国三维数字化创新设计大赛山东省二等奖两项;获全国大学生工业设计大赛山东省三等奖一项。2018年9月获全国大学生电子设计竞赛山东省一等奖二项、二等奖三项;获第十三届全国大学生"恩智浦杯"智能汽车竞赛山东省三等奖三项。2018年10月获山东省大学生智能制造大赛一等奖一项、二等奖三项、三等奖四项;获山东省大学生创客大赛二等奖二项、三等奖三项;获第五届山东省大学生电子与信息技术应用大赛一等奖一项、三等奖五项、优秀奖一项;

获第七届山东省大学生机器人大赛一等奖四项、二等奖二项、三等奖三项；获第十一届全国三维数字化创新设计竞赛三等奖四项。2019 年 5 月获山东省大学生机器人大赛二等奖一项。2019 年 6 月获第三届智能控制大赛山东省二等奖三项、三等奖三项。2019 年 7 月获先进成图山东省一等奖二项、二等奖七项；获"互联网 + 创新创业大赛"山东省铜奖；获 2019 全国 3D 大赛 12 周年精英联赛龙鼎奖山东省二等奖三项。2019 年 8 月获第十四届全国大学生"恩智浦杯"智能汽车竞赛山东省二等奖二项、三等奖一项；获第十六届山东省大学生机电产品创新设计竞赛二等奖七项、三等奖五项；获全国大学生电子设计竞赛山东赛区 TI 杯国家级二等奖一项，山东省一等奖两项、二等奖三项。2019 年 9 月获智能制造大赛山东省一等奖两项、二等奖一项、三等奖四项。2019 年 10 月获山东省大学生创客大赛二等奖一项、三等奖一项；获山东省电子信息大赛一等奖两项、二等奖两项、三等奖三项；获山东省高校机器人大赛二等奖三项、三等奖七项；获第十二届全国三维数字化创新设计大赛山东省一等奖两项、二等奖三项。2018 年获批大学生国创项目 1 项。2019 年获批国家大学生创新创业训练计划项目 4 项，授权专利 5 项，发表论文 2 篇。

科技创新工作室为学生提供了专业知识和创新创业有机融合的平台，形成了专业技能、创新实践与创业意识相融合的生态圈。通过创新工作室多方位培养锻炼，学生参与竞赛的积极性逐步得到了提高，学生的创新创业能力、社会责任感以及团队精神都得到了很好的锻炼，就业创业竞争力也进一步提高。不过，这只是发生在小部分工作室学生身上的事情，普及面还不够广，科技创新工作室的影响和作用发挥有待于进一步扩大。因而，工作室在提高全院学生参与科技创新创业活动积极性方面，后期还有大量工作需要进一步跟进和完善。

第19章
"童艺"师生工作室：协同创新机制下的"女生力量" >>>

党的十九大以来，教育部积极推进应用型人才培养新模式的建设，助力高等教育强国。《国家教育事业发展"十三五"规划》将会推动具备条件的普通本科高校向着应用型转变。这一高等教育结构调整的重要举措，明确提出了引导高校从治理结构、专业体系、课程内容、教学方式、师资结构等方面进行全方位、系统性改革的要求。《国家职业教育改革实施方案》则进一步提出"一大批普通本科高等学校向应用型转变"的发展目标，鼓励和支持高校创新人才培养模式，促进产教融合、校企合作和协同育人实践开展。与此同时，学前教育得到了蓬勃发展，巨大的岗位需求和对当下复合型、创新型人才的渴望成为教育培养的新方向。在此背景下，如何培养既有专业素养又具备实践综合能力的人才？我们到底能为这个专业做些什么？这些都成为很多教师和学生反复思考的问题。

19.1 "童艺"师生工作室应运而生

青岛黄海学院学前教育学院"童艺"师生工作室由刘艺敏老师发起，苏畅、何阳美和王煜涵等4位教师作为工作室成员。专业特有的性别比例，使得女生居多，而目前工作室的学生成员也同样为8名女生。现在工作室已发展成为运行高效、以点带面、持续稳定的综合性师生团队。一个全部由女生组成的团队，在成立之初甚至会被贴上"想法感性""考虑不周全"的性别标签。但团队成员考虑到学前教育工作开展的实际需要，也在努力地用自己特有的

"温度"和"细腻"为专业发展进行更多的探索实践,打破他人对于年龄和性别的固有认识。从学前教育学院"儿童文学"精品线上线下课程的开发和教改,到建设儿童文学产学研基地等任务活动,工作室秉承师生同创的教育理念,不断提炼教育研究成果和总结相关经验,以项目为依托,师生携手,全面提高了学生的专业技能,培育了新型师资,实现了教学相长,推进了学生创新创业训练和实践进程,为学校应用型创新创业人才培养水平的提高贡献了力量。不仅如此,"童艺"师生工作室还立足于新区建设发展,服务青岛布局定位,发挥学前教育特色专业优势,使产学研创用有机融合,实现了资源配置的最优化,推进了人才培养的精准化,着力将提高人才培养质量落到实处。

19.2　工作室发展思路和实践轨迹

"童艺"师生工作室始终如一地坚持创新发展的理念,一步一个脚印地开展实践活动,思路清晰且极具特色,并以科学的方法谋求新进展。

19.2.1　总体思路

"童艺"师生工作室的工作以教师为基础,以学生为中心。目前,工作室以落实学前教育专业实践项目、打造专业精品线上线下课程为主要目标,进行教学改革实践,承接各类学前领域专业实践项目,开发及设计幼儿园精品课程方案,鼓励学生及教师参与各类专业比赛、儿童文学产学研基地建设等任务活动。

在工作室中,教师主要起到理论指导和技术支持的作用,鼓励学生开展实践探索。学生发挥专业素质与创新能力,将学习的专业知识运用到具体的团队项目中。

19.2.2　创新及特色项目

学前教育学院"童艺"师生工作室最初以"儿童文学"线上课程建设为主线,后来又在建设过程中不断地发展和完善,形成了针对儿童文学方向的特色实践项目,并挑选有知识储备、有想法、有创意和有技术的学生,通过考核、筛选使其加入工作室初步建设工作中,共同承接学院发展及行业内各类与儿童文学相关的研究类、实践类项目。

工作室参与和承接的项目主要有如下几类。其一,公益活动类。例如,儿童戏剧走进幼儿园项目、儿童绘本走进幼儿园项目、家庭教育与家园共育、疫情期间绘本故事原创等。其二,专业实践类。例如,儿童原创绘本创编制作,幼儿园环境创设实践,以集体及个人形式参加的校级、省级和国家各类专业比赛等。其三,专业发展类。例如,参与国内知名导师项目、与国内一流出版社对接合作共同推进儿童文学项目、与著名一线作家形成深度长期合作等。

"童艺"师生工作室在形成稳定的项目运作模式后,除发挥专业特色带动学生专业实践外,还逐步通过良好的项目口碑,受到校外专业认同关注。例如,工作室主创成员受邀于上海参加"首届中国学前教育传承与创新论坛",负责人作为论坛特邀嘉宾出席活动。工作室一边扩展行业内人士的专业指导与帮助,一边落实教师教学实践与学生专业实践。目前,国内已有多位专业领域负责人与工作室主动联系,探讨专业合作事宜。

19.2.3　开展方法

"童艺"师生工作室采用的是教师发展与学生发展双线模式。两条主线既相互独立,又彼此关联融合。

首先是教师方面。在教师发展方面,工作室鼓励教师从教学能力与专业素养方面提升自身核心技能,并要求教师参与教学比赛、撰写科研论文、申请课题、建设课程、落实教改、参与培训等,要求用成果及数据说话。同时,教师还担任着工作室学生导师,从专业发展、能力提升、思想指导等多方面辅助学生成长。

其次是学生方面。学生在工作室教师指导带领下参与各级各类专业比赛,参与各类以"儿童文学"为主体的专业发展项目,共同进行课程改革项目实践,带动其他学生进行专业领域内活动实践等。在工作室建设期间,学生获得的省级、校级奖项累计达到了30余项。

19.2.4　团队建设时间轴

2019年9月,学前教育"童艺"师生工作室成立。2019年10月,工作室完成了线上课程"儿童文学"课程录制,并指导学生参与山东省科普播讲大赛、第十六届山东省大学生科技文化艺术节配音大赛、第六届山东省大学生科技创新大赛,皆获得不同等级的奖项。2019 年 11 月,工作室 3 名教师参与青岛黄海学院第八届教师观摩大赛,获得一、二、三等奖及山东省民办教师教学能力大赛二等奖,并参与省级课题研究 3 项,发表了会议论文及科研论文。学生开展了儿童戏剧进幼儿园公益活动。2019 年 12 月,工作室线上课程上线,并设计"共课"模式入围第五届西浦全国大学教学创新大赛。教师获批校级教学改革项目一项,且进行了一流本科课程的申报工作。2020 年 1 月,工作室继续开展绘本进幼儿园项目,并指导学生参赛,且与行业内领军人物及一线作家建立合作模式,共同开发学前教育中儿童文学方向的研究与实践。2020年 2 月,针对新型冠状病毒肺炎疫情的特殊阶段,工作室学生设计了疫情儿童原创绘本及故事,利用专业优势贡献自身力量。

19.3 "童艺"师生工作室背后的力量

工作室的发展离不开各方面条件的保障。学前教育学院"童艺"师生工作室在资金、制度、组织领导、考核等多个机制的共同推进下,得到了不断发展。

19.3.1 组织领导保障

"童艺"师生工作室立足于学前教育学院,教师团队整体呈现出"一专多能"的态势。从学生构成来看,凡参与工作室的本科学生均是通过专业技能及综合能力考核的省级以上比赛的获奖者与公益活动的参与者,从整体上看学前教育学院"童艺"师生工作室的组织机制是"一专多能带群优",也就是一名专业的负责人带领多位素质过硬的教师共同引领一群优秀的学生进行工作室建设与产品输出。同时,学院领导为支持工作室的发展,扩大了教师团队对工作室的自主领导权,让工作室的组织与领导更加灵活与方便。

19.3.2 制度机制保障

无规矩不成方圆,"童艺"师生工作室的建设与运行离不开制度的保障。早在工作室成立之初,学校领导就不断为工作室成员解读国家、省教育厅和学校的相关政策,根据学校政策为工作室的运行拟定了详细的工作要求,然后工作室的成员们将其细化成了工作准则。例如,《工作准则》第一章第三条规定,

"童艺"师生工作室以提高学生的创新、创业、创意素质为目标,必须尊重学生的中心地位。这些工作准则让"童艺"师生工作室的工作变得有章可循、井井有条。此外,在运行机制方面,"童艺"师生工作室划分了四个主要职能部门,分别涉及"儿童文学"线上课程、混合式教学改革研究、高校"共课"模式研发和创新创业实践项目。各个板块任务明确、分工合理、协调运作,不断发挥着"童艺"师生工作室在学前教育学院的示范辐射作用。"童艺"师生工作室主要采用"团队协作、分工责任、资源共享、共创互赢"的工作方式。

19.3.3 硬件投入保障

学校十分重视"童艺"师生工作室的发展,不断给予物质设施支持。由于学前教育学院的教学楼场地有限,领导将会议室借出,特殊活动可申请临时使用。在 2019 年全年,学校投入了累计 6 000 余元的教师培训费供工作室教师外出培训和参加学术会议使用,极大地保证并促进了"童艺"师生工作室的专业水平。同时,随着工作室与幼儿园公益合作项目的增多,越来越多的园长开始认同"童艺"师生工作室的理念,无偿为工作室提供专业指导和场地支持。

19.3.4 考核评价保障

"童艺"师生工作室主要以各职能部门的产学研结果来考核评价工作室的绩效。比如,课程改革课题的立项数量、学生创新创业成果。"童艺"师生工作室的一大特色是与高校课程"儿童文学"相结合。这样在考核评价方面的数据会更为清晰,并且大赛获奖数、科研立项数、项目完成度等都可以直接或间接地成为"童艺"师生工作室的考核评价标准。

19.4 汗水与收获

从教学改革与专业建设上来讲,"童艺"师生工作室建设了"儿童文学"线上开放课程,完成了相关大赛任务及科研活动,所经手的专业项目获得了业内的好评。从课程的设计与研讨到后期效果的呈现与监督,工作室的每一名教师和学生都抱着始终如一的热忱。她们为了搜集课程资料,凌晨出发前往济南等地的优秀幼儿园进行实地调研。她们为了实现工作高效与高能,时刻精神饱满。她们为了打造出学生真正喜爱的课堂,不断地磨合、挖掘新鲜想法。同时,工作室的成员们还针对该课程进行了线上线下混合制的教学改革,不断探究并实践着高校"共课"模式,建立了各类基于课程的工作坊实践项目。

"童艺"师生工作室自成立以来,各级项目已取得了相应成果,具体表现为以下几个方面。首先是课程建设情况。工作室建设了"儿童文学"线上开放课程,并针对此课程进行了线上线下混合制教学改革,探究与实践了高校"共课"模式,且建立了各类基于课程的工作坊实践项目。其次是教师获奖情况。2019 年 11 月,团队教师刘艺敏、苏畅和王煜涵分别在山东省第八届青年教师教学观摩大赛上荣获一等奖、二等奖和三等奖。刘艺敏在山东省民办高校第八届青年教师教学比赛中获二等奖,在第十一届山东省大学生科技节上荣获"优秀指导教师"称号,并于 2019 年 12 月份入围第五届西浦全国大学教学创新大赛,获得绚丽年华第十二届全国美育成果展优秀指导教师奖和"国培计划国艺魂全国优秀指导教师"称号等。再次是教师科研情况。工作室团队教师参与了多项省级课题,发表了数篇论文,并参编教材《0~3 岁婴幼儿早期教育概论》,且有学术论文《高校"儿童文学"课程教学改革实践初探》被收录在《多维视域下的童年研究与儿童教育高峰论坛论文集》中。最后是教师培训情况。工作室团队教师参加了多维视域下的童年研究与儿童教育高峰论坛、"专业标准与实践策略——促进幼儿教师发展"国际学术研讨会、第十四届中国蒙台梭利教育国际研讨会和第四期应用型高校青年教师教学素养提升研修班等。

对于一个携手共进的团队来说,最值得骄傲和欣慰的莫过于学生的成长和进步。"童艺"师生工作室的 8 名学生共获得各级奖项 32 项,其中省级奖项 20 项,包括各类大学生科技文化艺术节、科技创新大赛,全国知识竞赛奖项 1 项,全国美育成果奖一等奖 3 项,市区级奖项 4 项,校级奖项 3 项。学生经常讲:"在这里我们很有归属感,这种大家一起努力的感觉太棒了!"

19.5 协同创新的力量

"童艺"师生工作室由师生共建。教师们不是简单地进行理论指导和实践支持,更多的是和学生们一起发挥创新能力,不断进行实践,将专业知识运用到具体的项目运营中,以增强学生的创新意识,提高其创业素质并不断熔炼创意品质。工作室以每个项目驱动的"任务"为依托,坚持师生共同参与,体现了师生同创特色,不仅全面提高了学生的专业技能,也培育了创新型师资力量。

"这个工作室给我带来的很多其实都是意料之外的,经常会说'这都是些什么神仙队友'!"负责人老师常常发出感慨。这些话里透露着感恩,背后包含了每个人付出的辛勤努力。但更令人感到佩服的是,每一名教师和学生从来没有退缩过、推脱过和抱怨过的精神。每一次加班都是主动加班,大家在情绪低落时互相鼓励。每一次收获都互相感恩,感恩一群女生之间从无到有、一点一点为专业发展释放自己的力量。也许正是因为彼此之间的相互信任、相互配合,才有了这个温暖的集体。"童艺"师生工作室用实际行动证明着"唯有热爱,方觉值得"和"不忘初心,方得始终"的至真道理。

工作室的创新发展理念势必会将"童艺"师生工作室建设成为名师的摇篮、教学的基地、研究的平台和辐射的中心。在接下来的工作中,"童艺"师生工作室将以更加丰富多彩的科研活动为载体,通过接纳学生议题的形式,积极主动地开展教育教学重点问题研究,发挥先行研究、交流研讨和示范引领的作用,做好课题研讨、师生并进、示范辐射等工作,吸引更多优秀的教师、学生加入工作室中。工作室渴望能够打破专业壁垒,实现专业共融并与其他专业进行领域内的联合探索。同时,工作室还会邀请更多的专家进行指导,落实个人成长规划,在促进学前教育事业创新发展方面起到更加积极的作用。

"童艺"师生工作室这个"90后""全女生"工作室已在成长中释放出了自己的力量。今后,工作室全体师生将携手并进,不断创新发展,以追求卓越的态度和努力实干的行动创造更多的业绩。

第20章
工程造价工作室:"岗证赛课"四位一体的专业人才培养 >>>

工程造价工作室针对工程造价专业人才培养特点,构建基于"岗证赛课"四位一体工程造价专业人才培养模式,即实现"造价岗位技能-造价核心专业课程-造价技能竞赛能力-造价人员考证能力"的人才培养模式。

20.1 实施背景

根据教育部、国家发改委、财政部、市场监管总局联合印发的《关于在院校实施"学历证书 + 若干职业技能等级证书"制度试点方案》(以下简称《方案》),"1+X"证书制度是国家完善职业教育和培训体系、高质量发展职业教育的顶层设计,是深化职业教育改革、提高人才培养质量、畅通技术技能人才成长通道的重要举措。教育部发布的《关于引导地方普通本科高校向应用型转变的指导意见》也指出,地方高校的教育应该以培养应用型人才为目标,修正传统学校理论教学与实践教学存在的偏差,采用理论教学与实践教学相结合的方式。如果学生停留于理论层面的学习,进入社会后难以满足社会发展对于人才的需求。因此,实现人才转型发展的教育,逐渐受到了各方面的重视。

工程造价工作室在对工程造价专业毕业生跟踪调查和企业调研中,发现普遍存在着"程序不清楚、计价不准确、合作意识差、上岗速度慢"等突出问题。其主要原因是工程造价专业教学过程中,受课程设置、教学条件、师资水平等诸多因素影响,学生很难在有限时间内对专业知识、职业技能、资格证书等有全面了解和掌握,因而无法满足企业用人需求。企业要求工程造价毕业生能读懂施工图,能运用软件进行钢筋放样,能合理运用定额、准确进行清单计价、编制招投标文件、进行工程资料编写组卷等。对于工程造价专业教学而言,教师们必须设法将教学活动与生产实践紧密结合,增加工程造价实践技能训练,提升学生职业技能水平。

工程造价技能竞赛作为行业用人需求的风向标,由行业专家明确职业核心能力,制定考核内容和评价标准,以有助于引导教学内容的调整,有助于推进教学模式的改革,有助于提高专业任职教师教学水平,有效解决院校和企业之间人才培养的断层问题,培养适应社会发展、适应企业需求的专门人才。各级教育主管部门、建设教育协会、行业协会、专业指导委员会等连续多次举办了各级各类工程造价专业技能竞赛,以此来深化工程造价专业教学改革,推进实训教学发展,培养学生职业核心能力,提升院校服务行业的水平。

青岛滨海学院工程造价专业2014年9月开始招生,当年招生人数达到了144人。经过5年多的专业建设和发展,该专业2018和2019届毕业生已顺利毕业,投入到社会和企业中贡献专业所长,并且两届毕业生都受到了社会和企业的一致好评。随着我国工业化和城镇化的快速发展,日益增长的大众化、多样化消费需求为地区的基础设施建设、房地产开发等提供了机遇。本专业不断完善"产教融合、标准对接、校企合作、工学结合"的人才培养模式,并进行造价工程师、咨询(投资)工程师等的基本训练,为建筑业及相关咨询产业提供了所需人才。

20.2 主要目标

工程造价专业响应国家号召,将高等院校专业教学内容与行业标准相衔接,由课程学科本位向能力本位过渡,尽力实现专业核心课程教学目标与岗位要求无缝对接,并顾及全面提升学生综合素质的要求。本专业构建了基于"岗证赛课"四位一体的工程造价专业人才培养模式,旨在在专业课程中深入研究职业素养、职业习惯、职业能力及素质拓展等相关岗位需求,改进专业课程体系,实行项目化教学,开发立体化教学资源,促进赛教结合,实现课证融合,增强学生的就业实践能力,提升教师的教学水平,提高工程造价行业技术技能型人才的培养标准。

20.3　实施过程

"岗"即岗位,以就业为导向,以岗位需求为目标,是人才培养的关键。"课"乃课程,包括课程内容、课程结构、课程教学,通过课程实现人才培养目标。"赛"为职业技能竞赛,以赛促学、以赛促训、以赛促改,有利于培养学生核心竞争力。"证"则为证书,包括专业毕业证书和职业资格证书,体现了学生的专业知识水平和专业技能水平。

20.3.1　不断完善人才培养方案,提高人才培养质量

在具体的实施过程中,工作室通过优化人才培养方案,制定"理论+实践"的人才培养标准、赛教融合的人才培养模式等措施来提高人才培养质量。

20.3.1.1　优化人才培养方案

工程造价专业培养计划致力于使人才培养与山东省及周边省份的行业发展和社会需求相吻合,以培养出符合行业、企业标准的专业人才。工作室建立并创新了"素质优良,能力一流"的理论与实践一体化的课程体系,以行业、企业需求为依据,充分运用多媒体、互联网、虚拟仿真、慕课等现代教育技术并适当开展双语教学。工作室引入了适应岗位职业要求的新标准,构建了一批课程内容针对性和应用性突出的优质课程资源。工作室构建了应用型人才培养的优质核心课程,提升工程造价人才培养质量。

20.3.1.2　制定"理论＋实践"的人才培养标准

工作室主张本专业抓好理论教学与实践教学的两线交互,落实"学中有做、做中求学"的标准。工作室通过建立基于工作过程的课程体系,引入部分行业标准,结合企业人才需求规格要求,制定培养标准,加强与企业的深度合作,加大了实践教学力度。

20.3.1.3　赛教融合,形成以赛促教、以赛促学、以赛促训、赛教结合的人才培养模式

工作室为保证课岗深度融合,积极推动校企合作发展,并为课证融合搭建教学平台。学校和企业推出联合办学、"订单班"、学徒制等多种人才培养模式。工作室聘请了有经验的企业技术人员来校指导教学。本校教师依据工

程造价专业人才需求和岗位需求应具备的知识、能力、素质目标,制定授课内容,利用项目化、情境化教学方式培养应用型人才。

20.3.2　构建"岗证融通"课程体系,提高学生创新和实践能力

工作室充分发挥专业建设委员会的指导作用,在本专业中融入了岗位需求,并融合了国家职业岗位证书和创新创业能力培养的元素。在课程设置中,岗位需求根据专业发展规律而定。工作室基于校企合作平台,以培养高素质应用型人才为目标,以典型工作任务为载体,分析研究完成各项实际工作任务需具备的知识和能力,制定相关学习情境的具体专业教学内容,对接工程造价专业从业能力的专业学习课程和校内外实践环节。同时,工作室兼顾学生毕业5年后考取造价师、建造师、监理工程师等相关证书的知识体系要求,形成了与学业、职业和创业相对应的"德育优先、能力为本"的专业课程体系。基于课程标准、岗位要求和职业资格认证的融通架构如图20-1所示。

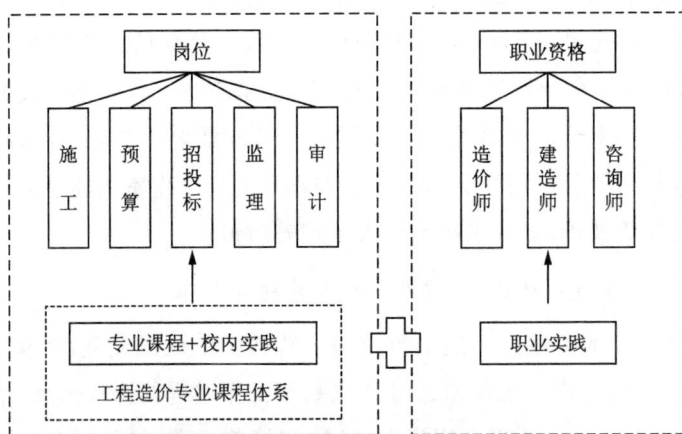

图 20-1　课程标准与岗位、职业证书的融通

20.3.3　基于"岗证赛课"的专业课程体系建设

在"岗证赛课"的专业课程体系建设中,工作室通过整合教学资源,实现了课岗融合、课证融合、课赛融合和赛证融合。

20.3.3.1　课岗融合

工作室不断开发项目化的实践教学资源,为课证融合搭建平台;以岗位

能力培养为核心,全面开发工程造价专业课程体系。工作室依据工程造价专业人才需求、岗位需求应具备的知识、能力、素质目标制定课程标准,开发项目化的实践教学资源,培养应用型、创新型人才。

20.3.3.2 课证融合

专业核心课程内容根据职业要求来定位,并改革专业课程内容和标准解析工作岗位技能,融入了工程造价考证、技能竞赛等综合任务,以形成专项能力。工作室根据岗位对相关专业课程的内容选择进行分析,重组课程内容,制定课程标准,并针对专业必须取得的证书要求采取课程与考试对接的模式。工作室在教材选择上考虑职业考证教材,在课程内容设置上体现考证要求,同时辅以技能性练习和实训。工作室通过建设证书指导课程,实现了课程与证书无缝对接。

20.3.3.3 课赛融合

工作室努力提高学生的学习兴趣,反思教学问题并充分发挥职业技能竞赛的检验、展示、选拔、激励、示范等功能,在课程中融入了实际竞赛项目,将课程内容与职业技能竞赛紧密结合,有效地提高了课程学习的效果。工作室不仅为职业技能竞赛选拔选手,促进学生相关技能竞赛培训过程中常规课程的学习,也鼓励教师积极参加与行业相关的技能竞赛,使教学水平不断得到提高。

20.3.3.4 赛证融合

工作室努力完善本专业现有的评价体系,将考证培训和职业技能竞赛相结合,让学生通过参加职业技能竞赛,达到职业资格标准要求,取得相对应职业资格证书,实现赛证融合。同时,在针对竞赛选手的选拔和培训过程中,系统的培训选拔机制得以形成,工程造价专业竞赛试题库得以建立,现有的评价体系也得到了完善。

20.3.4 加强教师队伍建设

"岗证赛课"四位一体的改革对各方面提出了要求,而课程体系改革则成为专业教师的新挑战。一方面,专业教师要不断深入企业,了解企业经营模式和实践项目的施工情况,提升个人校外实践经历,从而更好地提升课堂的教学效率,将理论教学付诸实践,实现产教融合。另一方面,学校也要开展人才引进计划,通过与行业协会、企业以及其他高校的沟通和联系,邀请企业经验丰富的前辈作为校外导师为学生实践中遇到的问题进行答疑解惑。

同时,一些竞赛类项目的开展,调动了学生们参与的积极性。而为学生配备校内和校外的双重导师,也使他们在参与项目的时候能够体验到企业的实践。学校可以加强老教授对青年教师队伍的培养,培养出更多优秀的应用型与学术型结合的青年教师,扩大教师队伍,让更多的学生享受"双师双能型"导师的培养模式。另外,学校也要建立相应的教师评价考核体系,对校内以及校外的导师进行考核,从而促进教师进一步提升自己的素质,为学生树立更好的榜样。

20.3.5 以技能大赛促进实训基地建设

实践教学条件是"岗证赛课"人才培养的重要基础。工程造价技能大赛为充分挖掘教学资源提供了契机。教师们可通过加强校内外实训室、实训基地建设,改善教学和实训条件,以便为专业教学改革打下坚实的硬件基础,也使学生们得到充分的实践训练。各类各级大赛对实训室的硬件和软件都有要求,使得实训室建设和功能与比赛要求相同。为了适应建设类工程造价大赛的需求,教师需要改造原有工程造价软件工作站的机器,并对软件加以优化。

目前,基于专业建设需要,工作室扩大了校内实验基地的建设,配有22个实验室和实训场所,教学科研仪器设备价值近507.51万元,教学用计算机350台,多媒体教室25间。2019年11月份,依据行业标准和计价软件更新换代的要求,学校组织专家对工程造价综合实验室进行了升级软件的论证工作,对实验室的软件进行了更新和升级,主要包括土建计量计价、安装计量计价和招投标软件等,基本上能够满足实验教学和承接各类工造造价相关比赛的需要。

20.4 条件保障

工作室为有效提升专业人才培养质量提供了学分保障,构建了质量监控和质量保障体系,并辅以教学经费的投入。

20.4.1 学分保障

工作室根据学校教务处统一规划,进行了学分调整,添加创新创业教育平台——包括创新创业教育课程和第二课堂两大模块。创新创业教育课程模块包括大学生职业生涯规划、大学生就业指导和创业基础选修课程,需要修满4学分。第二课堂模块包括思想成长与身心发展、职业技能提升、创新创业实践和素质拓展模块,包括学术论著、专利、学科竞赛、科技成果、研究、培训、创业和证书类认证等。其中,创新创业项目和素质拓展模块要求学生分别修满2学分。该政策有利于培养学生的创新创业精神和实践能力。

20.4.2 教学质量监控和保障体系

这需要掌握本专业人才培养目标、规格和质量,也包括对教师授课各环节的管理。专业教研室负责各教学环节的质量标准,严把质量关。教师负责课程质量,执行教学环节的质量标准。工作室建立、健全了各项评价制度和评价体系,使学科专业建设和改革得到了不断完善和提高,保障了人才培养机制的顺利运行。

20.4.3 保障教学经费投入

为保证本专业的良好教学质量,学校加大了对专业教学经费的投入,满足了工作室各项试验实训的需求,确保了各项专业教学任务的顺利完成。同时,为了对专业教师进行培训和对学生的职业技能进行训练,工作室逐渐加大了对实训设施的投入,并对招投标、土建计量计价、安装工程计量计价等软件进行了优化升级。

20.5 实施效果

近3年来,在学院领导的支持和领导下,工作室教师积极带领本专业的学生参加了与工程造价相关的各种学科类比赛。在专业赛事中,规格比较高的有"高教杯"全国大学生先进成图技术与产品信息建模创新大赛、山东省大学生先进成图技术与产品信息建模创新大赛、全国高等院校 BIM 应用技能比赛——BIM 造价应用技能大赛、山东省大学生科技节建筑 BIM 信息化应用创新技能大赛——全能(本科组)等,学生都取得了优异成绩。在组织竞赛的过程中,专业教研室通过传帮带对学生进行培养,呈现出了老生带新生、新老交替、各年级不间断的现象,为本专业各年级学生积极参加专业大赛和锻炼实操能力提供了保障。

另外,对于建筑工程学院组织的第六届建筑科技文化节,工作室教师负责了竞赛模块的7项内容,所占比例为50%。各年级的学生积极备赛和参加,获得了优异的成绩。

由此,一些体会与思考便浮出了水面:在"岗证赛课"四位一体的工程造价专业改革和建设实践过程中,工作室应以培养职业岗位人才为目标,以岗位职业标准为依据,以培养职业能力、岗位应用创新能力和职业基本素质为主线,构建项目导向和案例教学等相结合的特色课程体系,以促进和推动工程造价专业的发展。工作室通过课证赛融合,加深了学生对工程造价专业的理解和认识,提高了其参与就业实践的创新能力;通过职业技能竞赛,调动了学生学习专业知识的积极性,促进了学风建设;通过比赛、考证需求等反推教学,促进了教材建设、教学内容改革和教学模式的改革和创新,为工程造价专业的发展、课程体系建设和有效改革提供了强力保障。

第21章
"V 平台"创新工作室:探索实践教学真模式,搭建创新教育新平台 >>>

"V 平台"创新工作室成立于 2019 年 4 月,旨在有效提高计算机专业学生的创新创业能力,培养优秀的应用型人才,并将计算机专业教育和创新创业教育有机融合,把人才培养转化为提高学生的创新能力,开展校企合作,服务地方经济。

21.1 工作目标

"V 平台"创新工作室以提升学生参与创新创业实践的兴趣和逐步增强其综合应用能力为工作目标。下面从人才培养和经验推广两个方面对此问题分别做出表述。

21.1.1 人才培养

首先,"V 平台"创新工作室助力团队成员拓宽视野、培养兴趣、提升信心、解决难题,致力于培养高素质、创新型、具有学科竞争力的专业人才。其次,"V 平台"创新工作室组织成员参加各类学科竞赛,培养学生的创新意识和科学素养,促进学院科技创新实践活动与学科竞赛的蓬勃开展。再次,"V平台"创新工作室锻炼和培养学生的工程实践能力、创新意识、创新实践能力和团队精神,提高协作能力、专业素质和自身综合素质。"V 平台"创新工作室锻炼学生非智力方面的综合能力,包括洞察能力的培养、想象力和创造力的培养、综合应用和分析能力的培养。最后,"V 平台"创新工作室培养学生的主动学习、独立研究能力,改善学生认知的效能,使学生能更好地将理论与实践紧密结合,动手能力、创造能力和协作能力得到提高。

21.1.2 推广经验

"V平台"创新工作室创新工作室结合自身创建的目标定位,及时总结好的经验做法并应用于实践教学中。以"V平台"创新工作室为依托,教师们会不断总结在实践教学、创新创业方面的经验做法,并将取得的成果应用于日常教学工作中,让没能参加工作室的更多学生受益,起到反哺教学的作用。

21.2 工作过程

在"V平台"创新工作室运行的过程中,校企协同育人起到了关键作用。"双导师制"的运行模式的实施,也极大地提高了工作效率,辅以科学的工作流程,为培养卓越型创新创业人才提供了保障。

21.2.1 总体思路

"V平台"创新工作室以校企合作为依托,通过组建学生团队的方式进行项目产品的开发,建立互相帮助、互相鼓励、互相合作的技术团队。此举旨在培养学生创新创业的品质,锻炼学生分析问题、解决问题的能力,提升团队合作意识,真正实现创新创业人才培养的目标。

21.2.2 工作方法

"V平台"创新工作室实施"双导师制"运行模式,由企业项目经理和开发工程师担任学生的技术指导和职业导师,校内教师担任学业导师,通过专题讲座、技术咨询、参与项目等方式,让学生在"干中学、学中干",提升学生的创新能力和职业素养。"V平台"创新工作室注重对学生进行创新创业培养,结合理论和实践课程,并通过创新创业大赛、学科专业竞赛、横向项目、科研课题等培养学生。"V平台"创新工作室定期组织技术交流会和项目竞赛,以此来促进技术提升,激发开发兴趣。

21.2.3 工作实施流程

学生进入"V平台"创新工作室后,要接受项目开发基本能力的培养。这种培养通常是通过专题讲座、以老带新等方式开展。当他们具备一定的项目能力后就会将他们安排到项目组中承担部分相对较容易的工作,在项目实战中加以培养和锻炼。通过半年以上的学习和锻炼,"V 平台"创新工作室成员基本能够掌握项目开发的工作流程,并能以团队的方式承接相应的项目或者是作为负责人组队参加学科竞赛。

具体工作实施如下:"V 平台"创新工作室负责人围绕项目主题,每月至少带领团队成员进行一次集体学习讨论、技术答疑,解决工作中的难题;"V 平台"创新工作室的技术骨干在完成项目的同时还要起到传帮带的作用,形成梯队;"V 平台"创新工作室每学期邀请企业项目经理或开发工程师进行技术培训或者是项目分享;工作室以成果为导向,每年组织申报大学生科技立项,申报软件著作权等,提升学生的科研能力;工作室注重创新文化建设,营造创新氛围,建设一个"素质高、技术精、创新意识强"的团队;工作室积极做好经验分享、典型案例宣传等工作,不断扩大自身在专业、学校以及社会上的影响力。

"V 平台"创新工作室开展的一系列活动,都是学生利用课外活动、晚自习、周末或者是假期等课余时间完成的,做到了理论学习和课外实践两不误。

21.3 条件保障

为保障工作室的顺利运转,"V 平台"创新工作室在成立初就制定了《"V 平台"创新工作室制度》和《工作室经费管理制度》,对"V 平台"创新工作室成员的活动进行规范。学校和学院也给予了大力支持,专门给安排了工作场所和办公家具,合作企业为"V 平台"创新工作室提供了办公设备和软件开发平台,并提供技术支持,定期举办技术经验分享会等。"V 平台"创新工作室按照工作制度对成员进行管理和考核,每学期组织一次,对优秀的成员进行物质和精神奖励,对不符合工作室要求的成员进行清退。

21.4 实施成效

"V 平台"创新工作室运行一年多来,按照既定工作目标,积极开展各项活动,取得了一些成绩。在创新创业和学科竞赛中,"V 平台"创新工作室学生在不到一年的时间内获得了多项奖项:参加中国大学生计算机设计大赛获得国家级二等奖 1 项、三等奖 1 项,山东省一等奖 3 项,承接社会项目 3 个,到账经费 21 000 元,并申报获批软件著作权 1 项。

2015 级计算机科学与技术专业本科学生陶帅加入"V 平台"创新工作室后,学习积极主动,参加了同望科技有限公司在学校组织的软件开发技术培训并到广东珠海的同望总部进行项目实战。经过 1 个月的项目实战,该同学很好地掌握了"V 平台"的开发流程,受聘为企业的实习讲师,经常跟随工程师到企业进行信息化项目培训,不但锻炼了语言表达能力,提升了专业技术水平,还为自己的就业奠定了良好的基础,初次就业月薪就达到了 8 000 元以上。

"V 平台"创新工作室的运行模式及育人成果在广大师生中产生了良好的带动效应。2019 年秋季学期开始,陆续有 100 多名学生申请加入"V 平台"创新工作室学习。经过严格的筛选和考核,"V 平台"创新工作室吸纳了 12 名正式成员,确立了 30 名预备成员。新成员的加入为梯队建设提供了有力的保障。

"V 平台"创新工作室除了日常的项目开发、学科竞赛等活动外,更注重专业课程教学模式的改革,把"V 平台"创新工作室中的项目培训模式引入到"软件工程"课程的课堂教学中,以项目为依托,完成理论与实践的教学。经过一学期的运行证明,这种项目驱动模式深受学生欢迎。

21.5 思考与体会

目前,"V 平台"创新工作室的运营还是以教师为主,学生只是参与其中的工作,企业方提供的只是技术指导,从做过的几个项目看缺乏的整体设计以及后期的市场运作。另外,工作室的相关制度不够完善,人员水平和能力差距大。成员参与项目的时间不能得到有效的保障。在下一步的发展中,工作室将进一步加强与企业的合作,聘请经验丰富的企业人员担任项目经理,挑选青年教师和优秀学生承接实际项目,并提供创业指导。工作室将入驻众包平台,具备一定的接包开发能力的人员以项目小组的形式,在众包平台进行注册,根据众包平台提供的项目接包指南,由项目组长牵头,企业项目经理提供指导,在众包平台上选择合适的真实项目接包。学校指导教师带领项目团队,企业项目经理提供指导,根据已接的真实项目包,联合项目团队所有成员共同制订开发计划,部署开发任务,在规定的期限内完成项目的开发与测试,并根据众包平台的项目提交指南,完成项目提交。工作室根据项目的整个开发过程形成开发文档,作为项目案例并存档。

同时,"V 平台"创新工作室也衷心希望自身发展能得到学校及相关部门更多的支持。今后,工作室必将以更具有创新性的方式推动自身不断向前发展,为培养学生的实践动手能力、创新创业能力和服务地方经济社会发展做出应有的贡献。

第22章

学前教育工作室：创新创业正当时，学前教育创未来 >>>

回顾历史，放眼世界，技术革命是推动经济社会发展的强大引擎。没有创新创业，可能就没有微软、华为等品牌公司。所有对创新创业教育情有独钟的教育实践者，都应具备较为宽厚的学科专业基础，熟悉国家、省、市等各层级最新颁布的大学生创新创业政策，积极参与大学生创新创业教育工作，并能为大学生提供持续且专业的创新创业指导与服务，为大学生创新创业大赛、创新创业训练计划项目、实战创业项目或创客工作室运营等提供卓显实效的经验。

22.1 利用开设的课程，对大学生进行创新创业教育，树立"双创"意识，播下创新创业的种子

在学前教育学院，很多课程都与创新创业有关。例如，"大学生职业发展与就业指导""感觉统合训练""0～3岁亲子教育活动指导""蒙台梭利教具""理论与教具操作""儿童玩具与游戏""学前儿童家庭教育""幼儿园游戏指导""手工与玩具教具制作""奥尔夫音乐教学法"等。教育工作者要有意识地把理论与实践相结合，发挥其在应用型人才培养中的重要作用。教师除了带领团队和完成专业教学任务，也要有计划地对本科、专科学生渗透创新创业教育，树立"双创"意识，播下创新创业的种子。比如，2016级学前教育本科专业的陈浩同学，就对特殊教育很感兴趣，打算毕业后回到家乡创办一所特教幼儿园。

首先，教师在平时的教学过程中要适当融入现代化的东西。其次，教师要

注意引导学生独立思考，自己创造，提高学生的创新创业能力。再次，教师应开展网上教学，增强学生的探索兴趣。事实上，玩具已不仅仅是与人们的童稚时代相伴的阶段性产品，而是以不同的形式与人们的一生相联系。而在父母日益忙碌的现实社会中，智能玩具越来越多地担当起了陪伴的角色，施教者也更需要提供给孩子具有 AI 智能的玩具，这样既能弥补自己不能陪伴孩子的愧疚，也能让孩子在玩中学。理想的儿童智能玩具，既能满足家长对产品外在质量的高要求和对内在功能的高期待，又能与孩子们欢乐互动，用符合特定年龄段的方式，让孩子与世界沟通，在学知识涨本领之外，具备适当的社交能力。

22.2　借助于创新创业课题成立创客工作室并参加创新创业大赛和"国家大学生创新创业训练计划"等指导工作

2019 年 2 月，工作室徐培富教授申报的校级课题"智能玩具与学前教育人才培养相结合的研究"立项后，在大学生中广泛征集志愿者，组织科研团队，在知韵楼六楼成立创客工作室。工作室根据人才培养方案，瞄准幼儿园的需要，有针对性地科研攻关，练习玩具教具的制作，取得了一定的成果。目前，创新创业志愿者团队达到了 120 人。2016 级学前本科 3 班的孟冉同学，是孟子的 74 代孙女，工作室教师平时指导她进行创新创业训练，她在 2019 年 11 月参加山东省教育厅组织的教学技能大赛，获得了全省二等奖的好成绩。另外，在工作室教师的指导下，有 30 多名学生获得了市、校级奖励。

高等院校学前教育人才培养的突破口在哪里？工作室教师们的选择是：用创新创业教育推动智能玩具教具的制作应用，让智能玩具教具进方案，进课堂，进幼儿园。不管是从理论意义还是从实际意义上来看，玩具教具在儿童成长过程中都扮演着启蒙老师和玩伴的角色，玩具教具结合教育功能已成为当代设计的一个重要趋势。我国古代就出现了七巧板、九连环、华容道、围棋、象棋等具有启发智慧、开发智力、激发创造力功能的玩具。近现代出版的第一套儿童识字游戏《学部审定五彩精图方字》，开启了中国近代探索玩具与教育相结合的设计之路。现代科技的迅速发展和教育理念的不断深入，为玩具教具设计创新展现了新的平台，玩具与教具正逐渐朝着多功能化的方向发展。而玩具的智能化发展，则是必然趋势。

工作室主要研究智能玩具教具的分类及用途,与企业合作,生产难度较大的智能玩具,为高校学前教育专业智能化教育提供决策支持。教师们利用智能化教具进行教学实践研究。通过实验,教师能够充分利用智能化教具辅助课堂教学。学生们能够利用它们解决一些实际问题。教师们还研究智能玩具教具与传统玩具教具的区别与联系,并根据人才培养方案,落实高校学前教育专业教学、考试、实习、就业等环节,形成一整套学前教育机制。学前教育学院建立了实验室,由教授带领学生自制玩具教具,锻炼动脑动手能力,并且把玩具教具带到实习单位,运用到幼儿教育中。工作室把研究成果推广到幼儿园,为孩子们的游戏活动提供智能玩具,让孩子们的童年更有乐趣;工作室还加强与家长的联系,让他们认识和选购各种玩具,帮助儿童、少年全面发展,健康成长。

22.3　编写出版《大学生创新创业教育教程》一书,为本专科学生开课并分享创新创业指导经验

2018年1月,徐培富教授主编的教材《大学生创新创业教育教程》由现代教育出版社出版。党的十九大报告指出,国家必须是科学发展,必须坚定不移贯彻"创新、协调、绿色、开放、共享"的发展理念。国务院《关于加快发展现代职业教育的决定》和国务院办公厅《关于深化高等学校创新创业教育改革的实施意见》也提出,坚持以创新引领创业、以创业带动就业,主动适应经济发展新常态。工作室提出,应从大二开始对大学生进行创新创业教育,提供实验场所。教师们带领科技小组,深入企事业单位见习,毕业年级则进行顶岗实习,锻炼操作能力。工作室还提倡建立创新创业实践基地,工学结合,学以致用,释放"大众创业、万众创新"正能量。

大学生虽然行了成人礼,但是思想认识还容易肤浅,缺乏社会经验。他们通过创新创业导师的指引,进行了比较系统的理论学习,懂得了在客观条件允许的情况下,比较和选择创新创业项目。比如,学前教育学院2019届毕业生杨群芳,就发挥自己的特长,创办了一处早期教育培训机构,兴趣班达到了12个。

22.4 寻找创新创业亮点，对学生的创新创业起到启发与带动作用并让星星之火成燎原之势

学前教育学院根据自身性质，从实际情况出发，启动了智能玩具教具制作、利用研究。智能玩具不仅拥有考究的外观，同时具有多种应用功能，像人一样灵活可沟通。智能玩具，简单地讲就是将人工智能技术运用到玩具中，帮助儿童将想象和思维转化成行为，促进儿童认知以及运动能力的发展，在儿童成长过程中起到了寓教于乐的作用。

根据人才培养方案，智能玩具不仅可以培养幼儿的认知和技能，而且对学习者情感、态度和价值观的养成也可以起到重要作用。笔者将智能玩具的教育应用分为认知、动作技能和态度情感三大类。智能玩具在教育中的发展潜力是巨大的，我们应该探寻和推动智能玩具与教学、学习的深度融合，在教学中发挥其最大效益。近年来，国内以《蓝猫淘气3 000问》《秦时明月》《喜羊羊与灰太狼》等动漫作品为主流，其中会穿插一些中国文化元素。

在我国，智能玩具规模增速喜人，主要有两个原因。第一，我国二胎政策放开，儿童人数迅速增长。在开放政策的2016年，中国新生儿数量曾创下21世纪以来的最高点：1 786万。而据Euromonitor的预测，至2030年，我国0～14岁的儿童人数将高达2.6亿人，相比2016年，增加了2 000万左右的儿童。按照2016年儿童平均消费43.6美元计算，这新增的2 000万左右儿童带来的玩具销售额就大约有8.68亿美元。第二，家长越来越看重素质教育，对玩具寓教于乐的期待值明显增高。随着我国社会经济的发展，人才培养已经进入白热化阶段，家长们开始重视儿童智力的早期开发和培养。现在，已经有越来越多的家长愿意将钱花在孩子智力开发的项目上。从中我们也能深刻感受到家长们"望女成凤""望子成龙"的心态。虽然家长已经认识到了玩具的多种价值，但是在选择玩具的过程中仍然把智力价值作为第一位。

22.5 通过产学研结合取得的创新创业指导成果

创新驱动发展，"互联网＋""双创""一带一路"等国家重大战略及倡议的实施、产业转型升级、企业技术进步和学生求学需要的发展变化等等，对我

国应用型高校人才的培养提出了新的要求和挑战。教育部等三部委在《关于引导部分地方普通本科高校向应用型转变的指导意见》（教发〔2015〕7号）中提出，地方本科高校要主动适应我国经济发展新常态，把办学思路转到服务地方经济社会发展、产教融合、校企合作上。同时，要建立合作发展平台，与地方、行业、企业等共同参与合作办学，建立产教融合、协同育人的人才培养模式。

工作室与乐童玩具厂、迈赫机器人公司取得了联系，与企业联合研发用于学前教育的智能玩具教具。教学是以工作为中心的教、学、做过程，在教学内容和教育管理上都渗透了企业元素。学生在企业工坊经过真实的专业项目实战后，有意愿创业的可以进入创客空间，进行专门的创新创业训练。

"院园合一"、校企协同育人模式是校企合作高级阶段的一种表现形式，集学校公益价值的使命驱动和企业经济价值的市场驱动于一体，集中体现了民办高校的办学体制创新、内部运行机制创新和育人模式创新，使应用型人才培养由纸上谈兵、虚拟仿真走上校企零距离的现实实践。校企双方相互渗透、融为一体，成为利益共同体，实现了学校教育教学资源与企业生产经营资源共享，也实现了学校与企业、教育与产业、专业与职业、师生与员工的对接与融合。以市场和企业需求为导向，企业全面介入学校专业设置、课程方案、教学管理及实践教学等环节，为学生专业知识学习和技能训练搭建了舞台，保障了人才培养质量。"院园合一"的体制机制创新推动了产教深度融合，校企紧密合作实现了协同育人、合作共赢，良好的育人服务赢得了政府和社会的认可。

22.6 大学生创新创业心得语录

2016级学前教育刘雪纯："在科技发展的当代，智能化越来越普及。但是我认为，不能让智能化埋没了人才的培养。科技的发展只能说是为教育提供了方便。要培养学前教育人才，提高学前教育质量和水平，可以让科技与人才教育相结合。既要让孩子们了解当代科技发展，接触新时代的事物，使教育更顺利更有趣地进行，也要注重老师的培养、知识和能力的传授。这样才能更具体更细致地进行教育。"

2018级学前教育张亚男："我们应充分利用现有资源和本土优势，积极开展多种形式的玩具教具制作，促进幼儿健康快乐地成长。在学前教育方面，利用智能玩具，加快学前教育人才的培养是一个重要的方向。"

2016 级学前教育李瑶："'互联网 + 工业'时代已与'大数据'相结合。很多专业通过数据挖掘和学习分析技术加速教育研究方法的创新。数据挖掘，也被称作基于数据库的知识发现，是指从数据库、数据仓库或其他信息库中获取有效的、新颖的、潜在有用的、最终可理解的模式。学习分析技术则着重于测量、收集、分析和报告学习者整体专业水平及其具体学习境况的数据解析，旨在帮助人们了解和优化学习者思维发生的情境。"

2018 级学前教育钟秋雯："从发展的角度讲，我们提倡正确引导孩子自己动脑设计玩具，自己动手制作玩具，以便推动孩子身心全面发展。智能玩具是大势所趋，一定可以为孩子带来更好的帮助，从而被孩子们接受和喜爱。"

2018 级学前教育张成良："中国经过改革开放 30 多年的高速发展，正面临着通过产业转型升级来推动经济发展的关键阶段，而技术创新归根结底在于创新型人才的培养。当前是学前教育推动玩具教具产业创新人才培养的关键时期，应该为玩具业输出高端创意设计人才和创新创业人才，引导中国玩具教具产业的转型升级，使玩具教具更加符合儿童发展特点，更有效地促进儿童学习。"

2019 级早期教育徐志杰："智能玩具教具使用是学前教育专业的研究方向，旨在使儿童在实践中培养想象力、创造力，动手操作能力，锻炼儿童通过自主探索学习掌握实际本领。玩具教具不仅可以娱乐幼儿，还能促进儿童身心健康发展，增强孩子的创造能力。"

创新创业教育的途径有很多，可谓任重而道远。学前教育专业的学生需要全面发展，其中一个方面就是掌握智能玩具教具的设计原则和维修方法。学前教育工作室将在此基础之上不断提炼经验，更加科学、有效地锻炼和提升学生们的创新创业能力，以便为幼儿教育事业贡献更大的力量。

第23章

环境设计工作室：提升认知能力，注重整体实效 >>>>

环境设计专业工作室主要依附于青岛黄海学院艺术学院环境设计系的两个专业，即室内设计专业与景观设计专业。环境设计专业属于应用型专业，学生毕业后从事公共建筑室内设计、居住空间设计、城市环境景观与社区景观设计、园林工程设计等相关专业的工作。工作室以培育具有社会责任感、项目策划与经营管理能力、创新创业潜力和实践能力的高素质应用型人才为己任。

23.1 培养规格

在培养的规格上，环境设计专业工作室主要依据知识、能力和素质三个方面的素养标准进行培养。首先，工作室在知识上让学生了解环境设计专业相关的艺术理论，使其具备深厚的艺术修养、专业理论与实践操作能力，同时让学生熟悉环境设计专业所具备的设计风格、施工技术、材料应用以及自然环境、文化艺术、消费心理、经营管理等方面的知识，并把所学知识在实践中予以应用。其次，工作室在能力上要求学生具备本专业所要求的能力。其中包含识图、制图的基本能力，项目策划、方案设计、施工图纸设计的能力，良好的道德修养和较高的艺术鉴赏力，团队协作、洽谈业务能力，管理能力与决策能力。再次，在素质上，工作室要求学生具有一定的军事基本知识，受过必要的军事训练，达到国家规定的大学生军事训练合格标准；具有一定的体育基础知识，掌握科学锻炼身体的基本技能，养成良好的体育锻炼和卫生习惯，拥有健康的体魄，达到国家规定的《国家学生体质健康标准》；热爱祖国，拥护国家的各项方针政策，具有正确的人生观、价值观、道德观和法制观以及良好的职业态度和职业道德修养；具有爱岗敬业、诚实守信、服务群众、奉献社会的精神和严谨求实的作风；具有从事环境设计的基本能力以及管理和创新的能力；具有一定的科学思维和探索精神，具备健康、高雅的审美情趣和较强的审美能力；具有坚韧不拔的毅力、积极乐观的态度、良好的人际关系、健康的心理和健全的人格。

在教学方面，工作室根据社会经济建设和地方发展的需求，设置了相应的人才培养方案，通过人才培养方案来构建环境设计系的教学要求，让学生能够更好地了解环境设计专业的发展状况并知晓毕业后所从事的工作前景，以做好前期的技能储备。工作室在设置一系列培养计划与教学计划时，会产生一系列的问题，主要是因为学生在学习专业知识后，没有相应的平台让他们去进行实践。由于专业在课程学时上的限制，教师不仅需要向学生传授大量的知识，还要留出课余时间让学生自主学习。而学生对于自身的学习认知能力也不能有效控制，有可能会导致其学习不积极甚至会用应付的形式来对待学习，从而对本专业产生消极的情绪。另外，班委与成绩突出的学生对于其他学生产生的影响是巨大的，发挥好班委与成绩突出学生的带头作用，会对班级整体产生较好的影响。所以，创建工作室是培养学生学习积极性的主要方法。

23.2　工作室简介

环境设计工作室于 2014 年创建，包括三个二级工作室：室内设计工作室、景观设计工作室、模型制作室。工作室培养了 2014～2018 级环境设计专业的学生共计 56 人，其中室内 30 人，景观 26 人。现工作室成员主要为 2017 级和 2018 级的，未来环境设计系将从 2019 级学生中进行选拔培养。通过工作室的学习，学生不仅要掌握平时课堂中的知识，还要在工作室中完成项目跟进的制作，不断提升自身的专业能力。通过以老带新的方式相互学习，实现互帮互助，并以团队的形式进行培养，能够让学生逐渐产生整体意识，更好地融入实际的工作环境。

目前，本专业依然为热门专业，这也是由经济社会和市场需求决定的。以青岛西海岸新区为例。目前房屋建筑还处在上升期，房屋的交付会伴随着装修。多个楼盘的出现增加了装饰公司的规模与数量，对于相关专业人才的需求也逐渐增多,为毕业学生提供了更多的就业机会。艺术学院环境设计专业与许多企业签订了实习基地协议,为学生们参与实践做了充分的准备。截至目前,工作室相继调研了多家设计装饰公司,通过签订合作协议来为学生提供多种就业实习机会,学生可以根据自己的意向进行实习。

23.3 工作目标

创建工作室主要是培养各年级中比较优秀的学生。其中包含了各年级学习优异的班委以及专业成绩较好、综合素质较高的学生。工作室吸纳这些学生,主要是想让他们在班级中起到带头作用,能够更好地激发全体学生的学习积极性,从而能够在班级和级部中起到师生桥梁的作用,由点及面地提高整体上的学生专业水平。工作室通过以赛促学的方式来强化学生的专业技能水平,教师会组织学生参加设计类专业的相关比赛,来检验其在工作室学习的所得,并以此来了解其他院校的设计水平,进行比较以发现自己的不足,从而更好地使学生提升自身专业素质和提高学习质量。

23.4 工作过程

工作室的总体思路是,学生进入工作室后,会有学长带领他们进行专业基础知识的学习,先让他们掌握本专业需要具备的方案知识和软件知识,以便为后期的实际项目制作奠定基础。之后,工作室会引入实际项目,学生可参与其中,沿着设计、施工、材料、报价等一体化的流程逐步深入,并在学长的带领下进行团队式训练,由师生共同完成。在此期间,工作室会组织学生参加各类设计大赛,以赛促学,帮助学生发现自身的不足。辅助教师则会完成场地测量、排版等工作。

在具体实施上,首先由教师引进实践项目并作统筹规划,而后面向工作室成员组织开会活动并制定项目实施办法,带领相关学生去现场进行实地测量。学生将测量的结果绘制在软件中,集体讨论方案制作的要点,并按要求在符合甲方需求的基础上进行规范化布局,之后再以小组的形式进行讨论,要求在规定时间内进行方案绘制。完毕后进行汇总,学生在工作室中进行汇报后,由指导教师提出意见加以修改。最后,学生形成方案,并再次与项目方进行沟通,确认无误后,还可以对整个方案进行优化。

23.5　条件保障

　　环境设计工作室是在学校与学院大力支持下成立的。学校是工作室成立的基础,通过提供相应的场地让工作室能够有序开展工作。工作室目前在学校知韵楼 407 与 409 教室。工作室中配备电脑、投影设备、课桌座椅等设施作为保障,为学生提供方便。模型制作室还配备大型实验器材供学生使用,在为学生提供保障的同时,也大大提高了学生的工作效率。

　　工作室在机制上采用教师带头、学生跟进的方式,通过实际的项目让学生更好地提前接触企业的模式。工作室工作制度参照校外企业公司的模式,其工作方式也与企业大同小异。当然,这也是根据学生的课程安排制定的。首先,工作室要保证学生的课程学习。在资金上,工作室所接的任何项目都是有偿设计,工作室基本上是先出设计,而后将赚取的设计与制图费用作为日常运作的经费。在考核评价方面,工作室每天进行工作室签到,定时进行头脑风暴训练并参与设计类比赛等,考察学生的出勤和专业的学习过程。工作室通过汇报总结的方式对学生所学内容进行了解,并通过技能测试来检验他们对于专业能力的掌握情况。学生通过了考核将会继续在工作室中进行学习,不合格次数达到两次的会进行劝退。通过以上的制度机制,工作室既给学生提供了学习条件,也增强了其学习意识,使工作室更好地运行。

23.6　实施成效

　　环境设计工作室自成立至今,取得了很大的成效。学生通过参与实践项目,自身的专业水平有了很大的提升,工作室完成的实际项目也越来越多,得到了学校与学院的认可。工作室于 2015 年正式运行,2016 年便已经开始承接多项实际项目。目前,工作室已完成大小项目 57 项,其中室内设计工作室完成项目 47 项,景观工作室完成项目 10 项。其中,工作室承接的学校项目居多,先后完成青岛黄海学院图书馆改造装修方案、科技广场改造方案、1 号教学楼西培会议室改造设计、后勤办公室空间设计、通识教育学院创新创业文化墙设计等等。校外项目中,工作室主要参与完成的有英格教育培训新校区设计、中铁工程员工活动区鸟瞰图设计、胶南金石至尊小区家装设计、天一畔城波尔卡小镇家装设计、城阳区铁路公安文化形象墙设计,以及开山口村规划改造设计和黄岛区发展研究中心大院局部景观设计等等。项目的引进,让学生提前了解到校外装饰公司的设计流程;实地考察勘测,让学生提早了解施工过程,有助于他们在毕业后快速进入工作状态,更快地学到专业知识。

不断的努力,使得工作室更好地向前发展。通过工作室教师与学生们的辛勤付出,工作室运行发展得较好,得到了各个学院和学校的认可。工作室每学年都会参与十余个项目方案的制作,为实践提供了便利。通过对其他院校的调研,工作室了解了其他院校工作室的模式与运作情况,并通过学习探索不断进行改革创新,以便能让自身得到进一步的发展。

工作室在让学生参与实践项目的同时,也鼓励学生积极参与大学生科技创新项目。截至目前,工作室参与大学生科技创新项目新立项5项,结题6项,参与教师科研课题5项,发表论文5篇。学生在创新中取得优异成绩,为今后的设计引入了设计思路。

工作室鼓励学生参加设计类的各项比赛,从而以赛促学,开阔学生的眼界,提升学生的专业水平。截至目前,环境设计工作室参加比赛,获奖70多项。学生通过参加比赛不仅证明了在工作室学习中获得的成果,同时在比赛中体现了自身的专业水平。

工作室还鼓励学生积极提升自身学历,完成自己在学业上的更大进步。工作室有部分学生参加了硕士研究生入学考试,其中2014级的刘金来同学考入南京林业大学,2015级的杨静同学考入西南交通大学。目前,工作室2016级有7名同学参加了2020年硕士研究生入学考试,有1名同学选择到国外的学校进行研究生学习。

环境设计工作室通过一系列成果不仅能够让环境设计专业成为优势专业,并且也能够使学习生活变得充实而有意义。学生能够将自己在工作室里的所学成果运用在各个班级中,在一定程度上起到宣传作用,让新入学的学生能够提前了解到工作室里的学习气氛,从而对工作室产生兴趣,并能够积极加入工作室。通过对新生的宣讲,新生对工作室兴趣大大提高,从2017级开始,有意向加入工作室的学生越来越多,为今后工作室开展工作提供了储备。同时，工作室的发展也推动了与企业的交流。许多企业来环境设计系都会去工作室参观考察，而且各大院校的交流也会在工作室里进行，极大程度上宣传了环境设计专业工作室。目前，有青岛大学、青岛科技大学、青岛职业技术学院、山东科技大学等高校来到环境设计专业工作室进行交流，极大地推广了工作室并产生了一定效益，为今后的发展开辟了道路。

23.7　思考和体会

通过上面对环境设计专业工作室的介绍，可见其模式还是以人才培养方案和教学大纲为依据，来培养学生的发散思维和实际应用能力，并针对相关课题或项目，由专业教师组织学生参与并跟进后期进展，负责完成工作。之后，工作室也会邀请企业专业设计师担任评委进行点评，使学生能够获得实战经验和最新的设计理念。

在创新点上，首先是融入实战项目。这主要是通过市场化运作形式，由教师带领项目组成员共同完成，使学生在校期间能够体验并融入工作环境中，营造学校、教师和学生共赢的局面。其次是组织学生参加大型比赛。目的在于营造良好的学术气氛，提升学生的学习积极性，让学生在参赛过程中发现自身不足。工作室可邀请相关的专家和学者为学生举办讲座，拓宽他们的思路。此举打破了“满堂灌”的教学模式，改为小组式、讨论式、点评式等教学模式，更有利于教师与学生的交流，从而有效完成教学任务。工作室的教学方法以案例教学法、现场教学法、模拟创业法为主，同时也鼓励开拓创新，探索出适应发展的新教学方法。

工作室制教学模式的实行，改变了虚拟的实践教学内容，能够根据课程特点，将理论知识结合实际项目加以传授，并依据项目教学的需要完成内容理论与实战技能的结合，融入了岗位要求与相关标准，使学生明白了设计人员应该具备的基本素养。

在大数据背景下，高校教学形式也发生着变化，线上线下相结合的授课形式成为当下最为流行的教学形式之一。在工作室中，这些形式也可以被运用到学生专业能力提升的授课过程中，通过邀请企业专家和设计师来进行线上的交流指导，使教学形式更加多元。同时，学生深度参与校企合作，通过不断的交流可了解社会基本信息及其发展变化,并在毕业后更快地融入其中,达到自身的职业要求。今后,环境设计专业工作室将会朝着更好的方向发展,通过师生的不断努力,探索出更能体现环境设计专业特色的发展之路。

第24章

统计分析竞赛工作室：以学科竞赛为载体提升学生的创新能力 >>>

基于经济统计学专业传统人才培养模式滞后与学生实践能力差的现实问题，青岛黄海学院经济统计学专业的教师不断创新教育理念和工作思路，将创新创业教育融入专业人才培养全过程，创造性地建立了学生统计分析竞赛工作室，以实践育人为目标，以工作室为平台，以学科竞赛为载体，形成了学科竞赛型工作室制人才培养模式，不断提升经济统计学专业学生创新实践能力。

学科竞赛型工作室制人才培养模式以职业领域和岗位群的实际需要为出发点，对学生分方向培养，注重学生的实践能力，以提高学生的综合素质和技术能力为最终目标。因此，采用学科竞赛型工作室制人才培养模式，不仅能够最大限度地激发学生自主学习的积极性，使教学活动与科研竞赛、社会实践融为一体，而且能使学生得到更科学、更系统、更有目的性和真实性的训练，为以后高质量就业打下坚实基础。

统计分析竞赛工作室自 2015 年成立以来，倡导产学结合，关注实践教学，具有促进产教研融合、提升实践教学效果等作用。工作室以自身为单位组织教学，以各类学科竞赛的形式实施教学，以专任教师为核心组织管理教学，学习过程就是生产过程，做到了将理论知识融于实践训练中，实现了理实一体化、教学做合一。

24.1 工作目标

传统的教学模式以教师、课本和课堂为中心，存在理论与实践脱节、案例与实际相差甚远等诸多问题。经济统计学专业课程教师在传统的授课模式之外,成立了统计分析竞赛工作室,最大限度地把理论与实践联系起来,以数学建模竞赛、数据挖掘大赛、市场调查大赛等学科竞赛为载体,以竞赛项目为教学和学习任务,与学生组成项目团队,教师之间、师生之间、生生之间进行有效沟通,集思广益,使建模成果达到最大化。这不仅能够培养学生的观察、分析、理解与设计能力,而且还能加强对学生实践能力和创新能力的培养,提高经济统计学专业学生的综合能力。

24.2　工作过程

首先,教师以统计分析竞赛工作室为依托,组织经济统计学专业学生参加各级各类学科竞赛,如大学生数学建模竞赛、数据挖掘大赛、美赛、市场调查大赛等。工作室通过学科竞赛培养学生的创新和实践能力,从竞赛人员选拔、参赛报名、赛前培训、场地安排、赛后总结等各个环节着手,为学生搭建学科竞赛平台,利用课余时间对学生进行培训和指导,以赛促教、以赛促学、以赛促改,激发学生学习数学建模的兴趣,提高学生的实践应用能力,同时也培养学生的创新意识。统计分析竞赛工作室制定了详细的竞赛实施方案,本着"重在参与、重在学习、重在提高"的精神,做到了"年初有计划、过程有落实、工作有总结、年终有考核",动员学生人人参与,使大赛制度化、规范化和常态化。

其次,工作室培养一支优秀精干的指导教师队伍,不仅可以为学科竞赛服务,还能够定期将赛题整理、打磨、分块成与专业理论知识相结合的小的知识点,以便学生消化和理解。这既开阔了学生的视野,又为教师的课堂教学提供了案例。例如,2018年高校数学建模竞赛选拔赛的赛题"《红楼梦》作者解析",需要运用文本挖掘、文本分类、KNN算法、Gtphi作图、聚类分析等方法。这就要求统计分析竞赛工作室的指导教师充分挖掘赛题,在通识教育课程模块的C语言程序设计课程的教学过程中,将文本挖掘的思想融入课程之中。在专业教育课程模块的运筹学、统计分析软件应用等课程的教学过程中,教师们需要将KNN算法和聚类分析等方法讲解透彻。在集中实践教育模块的统计实务模拟课程的教学中,教师们则要将整个赛题的思路捋顺,并将方法贯穿于其中。

再次,工作室深挖和拓展赛题,并将赛题升华和转化为学生的科研课题、教师的教研课题,从而丰富学生的创新创业实践教育模块,并且为教师的教研课题提供素材。例如,2015 级经济统计学专业学生彭素静,将 2017 年数据挖掘挑战赛的赛题分解和细化,成功申报 2017 年地方高校国家级大学生创新创业训练计划项目,并以《基于市场资金流向的商品期货量化交易策略研究》为题目,发表论文一篇;薛靖峰老师将统计分析竞赛工作室与经济统计学专业相结合,成功申报了青岛黄海学院教改项目——大数据时代下经济统计专业应用型人才培养模式研究;戴琳琳老师以数据建模挑战赛的赛题为基础,将ARMA 模型应用于青岛市居民消费价格指数的统计分析及预测,并获批山东省高等学校人文社会科学研究项目。

24.3　条件保障

一是组织保障。自 2015 年成立以来,统计分析竞赛工作室在经济统计学教研室带领下,逐步建立和完善了工作室组织管理制度,健全了学科竞赛管理职责和工作流程、指导教师工作准则、课题申报研讨活动管理办法等。

二是人员保障。经过多年培养与锻炼,经济统计学教研室打造了一支稳定、敬业精神强、具有丰富教学经验和学科竞赛经验的指导教师队伍。他们具有扎实的理论基础,具备解决实际问题的技能,有敬业精神与教学经验,热心于学生的研究指导工作。指导教师的严谨、激情、素质和经验是提高学生动手创新能力的关键,指导教师丰富渊博的知识、科学严谨的工作作风、吃苦耐劳的敬业精神会极大地影响学生,从而为培养更多的优秀学生打下坚实的基础。指导教师团队开设数学建模、数据挖掘等课程,根据竞赛的内容制订详细的培训规划,强化赛前训练,引导参赛学生以良好的状态全身心地投入比赛中。通过学科竞赛,指导教师受益匪浅,特别是一些较新的算法和软件,需要去学习并掌握。在竞赛之后,个人的综合能力也得到了大大增强,这样又会反哺给下一次参赛的学生,使得师生共同进步。通过竞赛指导,竞赛指导组的教师每人都能运用 Matlab、Python、Lingo、Spss、R 语言等数学、统计软件。

三是硬件保障。学校结合山东省优势特色专业建设投入专项建设经费,建设了数据处理实验室和统计分析实验室,并配有实验室管理人员。实验室配备 100 台高性能计算机及辅助设施,包括多媒体、服务器、交换机,随时供学生竞赛使用,基本满足了经济统计学专业教学需要,同时也为统计分析竞赛工作室提供了场地、仪器、培训和竞赛等条件。

四是政策保障。为保障统计分析竞赛工作室工作的顺利开展,学院给予了政策支持,学校也提供了专项资金支持。学院根据竞赛获奖情况,在学院评选奖学金、助学金和三好学生等方面,给予一定的加分,以鼓励学生利用课余时间参加创新创业活动。同时,学校还根据竞赛级别,对获奖指导教师予以奖励,将教师指导赛前训练、参赛及获奖纳入教学工作量,在职称评定、职务晋升时予以考虑。学校每年按学生数量划拨一定的资金到院部用作开展校级学科竞赛筹备经费,包括学科竞赛的业务费、教师培训和指导津贴及参赛期间教师和学生的各种费用。工作室按照竞赛的性质、类别和竞赛获奖等级对学生进行奖励,奖励政策包括学生赛前训练、参赛及获奖学分置换和经费支持等。

24.4　实施成效

统计分析竞赛工作室的人才培养模式与传统的教学模式相比,最显著的特点就是实践性。在具体的实践中,工作室处理好了相关环节,把各方面的资源进行了整合,提升了学生创新创业能力,实现应用型人才培养目标。

24.4.1　数学建模大赛

自 2011 年开始,学校参加全国大学生数学建模竞赛,共组织 175 支队伍,获得奖项 130 项,其中国家一等奖 2 项、国家二等奖 14 项、山东省一等奖 42 项、山东省二等奖 49 项、山东省三等奖 23 项,获奖数量和比例在山东省民办高校中位居前列。青岛黄海学院荣获"全国大学生数学建模竞赛山东赛区优秀组织奖"1 项,荣获"全国大学生数学建模竞赛山东赛区优秀指导教师"荣誉称号 2 项。

24.4.2　"百校百题"应用型创新课题大赛

在 2016 年 12 月教育部学校规划建设发展中心举办的第一届大学"百校百题"应用型创新课题(财税领域)大赛中,经济统计学教研室四位教师(张春梅,薛靖峰,程海建,戴琳琳)带领 2014 级和 2015 级经济统计学专业学生组成的两个队成功入围,并在复赛中分别荣获三等奖和优胜奖,四位指导教师均获得"燕园杯""百校百题"应用型创新课题(财税领域)大赛"优秀指导教师"荣誉称号。"百校百题"大赛是中国国际经济交流中心承担的国家课题"大国财政与财税治理创新专项研究"的重要组成部分,大赛形成的成果将纳入"大国财政与财税治理创新专项研究"课题成果。

24.4.3　依托社团的全国各级各类数学建模大赛

自2015年起,经济统计学专业教学团队以学院统计分析竞赛社团为依托,指导学生参加全国各级各类大学生数学建模竞赛,荣获全国一等奖13项、二等奖58项、三等奖70项、优秀奖23项,共计164个奖项,参与学生高达500余人次。

24.4.4　依托工作室的科技创新和创新创业项目

教师们依托统计分析竞赛工作室,成功申报青岛黄海学院大学生科技创新项目13项,成功申报地方高校国家级大学生创新创业训练计划项目6项,发表论文16篇。

工作室制人才培养模式是现代高校教学改革的一个重要方向,也是一个新的模式。教师在实践中授课,学生在实践中学习,促进学生创新意识的形成和综合能力的提升,对学生未来的发展具有非常重要的意义。

第25章

从工作室到工作坊,由点到线构建专创融合的教育体系 >>>>

国家层面的政策提出要加大创新创业人才培养支持力度,党和国家领导人多次指示,要加快教育体制改革,注重培养学生创新精神,造就规模宏大、富有创新精神、敢于承担风险的创新创业人才队伍,并提出深度践行"大众创业、万众创新"政策,将高校创新创业教育改革定位为高等教育综合改革的突破口。国家与地区间的竞争将越来越体现在对人力资源与智力成果的培育和发展方面。因而,发展创新创业教育与实践研究是教育主动适应经济社会与人的发展的现实选择,培养创新创业人才、提高全民族创业素质是增强综合国力的一项战略举措。

25.1 探索的初衷

为进一步深化本科教学改革,全面提高教学质量,艺术工作室积极探索从工作室到工作坊建设与创新创业教育体系建设的新途径、新模式。根据教育部有关文件要求,高校务必要坚持知识、能力和素质协调发展,继续深化人才培养模式、课程体系、教学内容和教学方法等方面的改革,实现从注重知识传授向更加重视能力和素质培养的转变。

因此,工作室在人才培养模式上更要着眼于未来,加强学生自我学习能力、知识自我更新能力、自我解决问题能力的培养。工作室以满足企业人才需求为导向,引入企业项目案例及管理流程,建立以任务为导向的实训体系,并把教学评估引入行业规范体系,建立人才培养平台支撑体系,保障高校人才培养的网络化、平台化和系统化。工作室建立多元化的学习模式及一体化的学习评估管理系统,优化课程体系设计,完善人才培养体系。工作室通过吸引企业深度参与学生培养过程,把企业化工作环境植入到学校培养体系中,在学生实践教学环节加强解决问题的导向训练,为学生提供职业目标导向的个性化训练,并分享给他们企业快速更新的应用信息,以帮助学生满足企业的人才需求。

基于以上背景并结合国内外高校大学生创新创业教育实践的现状,工作室以视觉传达专业为视角,从改革方案、培养模式、政产学研合作等方面出发,积极探索从工作室到工作坊创新创业教育的新途径。学校以课程建设为基础搭建工作室,以专业需求为轴线构建创新创业平台体系,使其成为系部专业长期建设与创新发展的生命力,通过视觉传达方向工作室、工作坊的建设发展推动艺术学科工作室更高层次的发展。

25.2　适用性体系构建探索

今后工作室建设发展将从以下方面出发,积极探索出更符合高校工作室建设和创新创业教育体系的新方向、新未来。

第一,工作室认真贯彻国家关于发展艺术文化产业与大学生创新创业教育的政策精神,着力探讨校企合作的新模式,使高校的创新创业教育能与艺术文化产业有机结合,成为改革创新示范案例。

第二,工作室进一步探索艺术文化产业背景下职业教育中大学生创新创业人才培养模式的改革方案,对青岛市乃至山东省的高校进行创新创业课程体系改革、师资体系完善、办学模式创新、实训实践升级,以有助于高校突破传统,实现内核重构。

第三,工作室探索采用理论＋实训、线上＋线下的双轨制课程结构和教学方式,培养艺术文化产业背景下所需的一专多强的应用型、复合型创新创业人才,通过植入真实项目使实习实训贯穿整个基础理论、技能和综合职业能力培养的全过程,让学生提前感受企业环境与企业文化,提高学生实践能力,提高人才培养质量,更好地对接市场需求。

25.3 从工作室到工作坊的探索实践和由点到线构建专业创新创业体系建设

工作室源于 20 世纪的欧洲,实行理论与实践结合、知识与技能并重的教育模式。这种教学模式下,学生在真实场景中与有经验的人进行合作和学习,不仅掌握了某种技术技能,提高了实际动手能力,而且使教与学的成果直接以产品、项目、竞赛作品、发明专利及研究论文等形式展现出来。

艺术学院视觉传达系组建了视觉设计工作室、插画工作室、唐之韵室内设计工作坊和艺巢平面设计工作坊,共 2 个工作室、2 个工作坊。工作室为师生共建,工作坊为校企共建。工作室和工作坊的成立都以学生为主体、教师或企业为核心、教学为主要任务、项目为主导、应用实践为目的。

25.3.1 视觉设计工作室

此工作室 2016 年初步成立。工作室成立初期,教学楼没有地方,工作室就设在知行楼 4 楼西头的走廊上,那里隔出了一个很小的空间,环境和条件都非常简陋,只有几张旧的桌椅,没有网络,也没有足够的电源,甚至连灯光都是昏暗的。在这样的条件下,师生还是克服了困难,寻求适用模式坚持把工作室运作了起来。

首先,良性运作,艰毅前行。工作室的第一批成员是 2015 级艺术设计专业的 10 名专科学生,成立初期没有项目可做,加上工作室无法联网,学生带着自己的笔记本电脑,主要的任务就是完成专业课的作业、参加大赛,大家相互交流经验。这期间系里出台了几个文件,如《工作室成立方案及运作模式》《工作室学生管理办法》等等。这文件的制定也是为了工作室更好地运行,但是没有商业案例只有制度是不能让工作室良性运行的,没有多长时间学生没课时间就不主动去工作室了,甚至晚自习工作室的管理也出现了混乱。这一度让教师们陷入了迷茫。这时候学院给了一项任务,即给学前教育专业制作一本作品集。虽然这项工作是义务的,但是也让教师们欣喜若狂,终于有项目可做,学生可以进行实战锻炼了。做好工作分工以后,一个周的时间工作室就把方案做出来了,后期也顺利地进行了印刷。这可以说是工作室的第一部作品。

其次，校企合作，寻求发展。2017 年 5 月，艺术学院迁往西校区，在知韵楼团队有了一间属于自己的办公室，同时选拔了第二批成员 8 人。11 月份，通过就业学生的引荐团队联系到了山东欧赛科技有限公司，调研考察以后初步达成合作意向。12 月份，学院与山东欧赛科技有限公司签订了合作外包协议。这次合作对于工作室来说是一次转型发展，意味着工作室从此不用再为接单发愁，极大地激发了学生们的学习积极性。山东欧赛科技有限公司每月反馈的数据显示，连续 3 个月工作室的接单额都在 10 000 元以上，其中一名学生个人收入连续 3 个月在 5 000 元以上，工作室真正实现了以项目为主导。2018 年，工作室与奋华外包公司建立合作伙伴关系。2019 年，工作室与炳州传媒公司建立合作伙伴关系。

再次，特色培养，寻求亮点。工作室成员还积极参加各类学科竞赛，2019 年获全国大学生广告设计大赛国家赛三等奖 1 项、省赛三等奖 1 项、优秀奖 2 项；参加山东省大学生科技节获一等奖 1 项、三等奖 6 项、优秀奖 2 项；其他赛事中工作室成员也取得了丰硕的成果。

截止到 2020 年 2 月，工作室已培养了 4 批成员，工作室成员的就业质量和对口就业率均高于其他同学。2019 年，工作室洽谈项目数量达 2 000 余项，组织学生参加大型设计讲座 10 余场，对接了青岛 FM 设计师协会。视觉设计工作室经过 4 年的发展历程，已初具规模，形成了自己的发展特色。

25.3.2　插画工作室

插画工作室 2019 年 10 月成立，第一批成员分别来自艺术设计、绘画、环境设计等专业。

工作室组建源于爱好，始于市场需求。组建插画工作室的初衷，最初来源于学生的爱好。每一届学生都有喜欢画插画的，开始学生们都是先画手绘插画。近几年，插画师也是一个新兴职业，广告公司招聘也有相关需求。于是，学院鼓励学生自己购买手绘板，自学插画，同时联系设计公司请插画师来给学生们做讲座。

学院在修订 2019 级人才培养方案时，通过市场调研并征求教师们的意见，决定增加插画课程，于是 2019 级人才培养方案删除了设计素描和设计色彩课，增加了插画技法和插画创作课。同时，在 2019 年度的招聘需求中，也侧重于招聘插画方向的教师。9月份插画教师招聘到位。学院跟两名教师商定组建插画工作室的事。鉴于学院教室紧张,插画工作室的选址就定在了艺术设计系的印刷室,主要是因为印刷室的利用率不高。教师9月中旬拟定了工作室方案,上报学院,得到了院长的支持,接下来就开始全院范围内招聘工作室成员。10月份经过两轮筛选面试,学院初步选定了12名工作室成员。插画工作室由刘雨老师任负责人,王侯浴阳和邹萍老师辅助。

工作室运行初见成效。插画工作室主要从商业插画、儿童绘本创作、艺术插画、动态插画等几个方面对学生进行培养。工作室运行短短三个月的时间,完成大大小小的插画项目160余项。从成立初期的速写练习、插画临摹到现在的网络接单、团队合作,学生们也感觉到了自身的提高和进步。这一切得益于插画工作室教师们的教导和付出。为对工作室长远的发展进行规划,师生已开始自主研发设计插画项目,充分利用专业融合的优势,团队协作共谋发展。

25.4　工作坊建设

工作坊正式成立于2019年6月,有唐之韵室内设计工作坊和艺巢平面设计工作坊。工作坊是在工作室的基础上更进一步的升华和合作,真正达到了项目与企业零距离接轨,企业带项目进工作坊,师生参与商业项目;企业提供实训基地,对接实训课程,为实践教学提供平台;校企共同负责的工作坊导师制,使学生在校期间既能学习知识,又能实践锻炼,培养应用型实践人才,为地方区域经济发展提供人才。

工作坊2018年9月份初步与企业达成了合作意向,2019年3月份确定了选址,企业投资了近30万元装修,6月底揭牌,共参与实践案例500余项,对接了5门实践课程。企业导师指导并参与授课,工作坊最高月盈利超6 000元。目前,工作坊的项目成果有尚风尚水家装、天一红旗纺织机械有限公司背景墙设计和DM单页设计等。

25.5　让工作室成为最耀眼的名片

开展创新创业教育是高等教育改革的重要举措。创新创业教育以实践为基础,艺术设计创新创业人才的培养更离不开实践技能的应用。以工作室为实践教学平台,以学生为中心,以项目成果为导向,不断优化师资结构与教学评价体系,以提高艺术专业学生创新精神与创业能力,培养兼具专业知识与实践能力的复合型应用型人才,这正成为工作室面对且需要解决的问题。

结合专业建设与发展需求,今后在视觉设计工作室建设过程中需要不断创新的地方主要如下:工作室要实现学生的自我管理、教师的监督管理,要进行职责分工,通过项目调动学生学习工作的积极性;工作室项目要定期汇报,定期总结,坚持每月汇报、每月总结,教师通过汇报详细了解学生每月参与的具体项目;工作室要有竞争,有淘汰,激发学生的工作热情,接轨商业化办公模式;工作室制度要将教学、科研与企业的力量同时整合进行教学。在具体的项目中,可以根据具体要求,从各行业中聘请兼职教师,使得学生可以结合最新的市场形势、知晓最新的科研成果、了解企业的运作与市场的营销。可以通过工作室的各种项目进行学科之间的补充与扩展,便于培养复合型的高素质人才;工作室能增强教师与社会需求的有机融合,避免了教学过程中信息的滞后性,有利于教学信息和知识的不断更新;工作室教学可以实现真正的学分制,课程和项目可进行学分替换,激发学生学习的动力,且学生和教师的自由度大,学习氛围良好,更利于对学生创造性思维的培养;工作室制的人才培养可以实现部分学生的精英就业,目前连续 3 届工作室毕业生均在大型知名广告公司、装饰公司、研发中心等企业就业。

教师们将在现有工作室和工作坊的基础上,进一步增强工作室的建设力度,实现多样化发展,加大教师和学生的参与度,增大辐射面;在教学改革过程中,充分发挥工作室制建设的积极意义。它既能为师生提供良好的学术氛围,也能为学生提供对课程的自由选择,还能够实现真正的学分制度等等。

工作室教学最大的特点就是可以做到"活学活用",在其整个教学过程中,使理论与实践做到一定程度上合理的结合。学生能够边学习边创作,在创作的过程中能将知识更好地学习和消化。设计类课程,没有实践的过程就只能是纸上谈兵,而不能预见到设计过程中真实的问题,而工作室正是提供了一个良好的环境使学生能够更好地参与实践、发现问题、解决问题,是实现有目的的学习、更深入的学习的良好手段。学生通过参与实际项目,不仅可以了解设计的全过程,掌握实际的技能,实现经验积累,还能够在真实的项目中增强自身学习的主动性,真正让自己乐于参与、愿意参与,避免毕业后因实际操作能力弱遇到项目无从下手。今后教学工程过程中工作室应从改革方案、培养模式、政产学研合作等方面入手积极探索创新创业教育新途径,以期在艺术文化产业大发展背景下找到一套两者协同发展的合作机制。

今后,工作室将充分把握文化产业大发展带来的机遇,依托优质艺术文化产业聚集的优势搭建创新创业教育信息平台,不仅要引进传媒艺术设计制作项目,在高校设立孵化项目中心,为学生提供全流程辅导,提升学生"双创"能力,而且要引进艺术设计行业、企业进驻高校的孵化中心提供外包业务,为学生提供多种形式的校内创业体验。另外,基于区域发展优势,工作室需要充分利用政府、企业提供的实践资源,提升学生技能水平等,并努力吸收校外各界参与创新创业教育过程,充分利用各种社会资源和校友网络,逐步形成校内外资源的良性互动与优势互补,以政产学研相结合的形式为学生提供项目平台与技术支撑。这将有利于艺术类专业创新创业教育与本土文化产业的密切交流与融合,最终建立一个集创意、创造、创业、创新和服务于一体的价值链创造流程和创新创业产业生态圈。

第26章

视觉工作室："双师制"以学促干，践行卓越型人才培养模式 >>>

视觉工作室目前由摄影和美工两部分组成，是专门从事产品摄影、人像拍摄后期以及网店美工类项目的工作室。工作室成立四学期，教导学生 70 余名，拥有长期指导教师 3 名。工作室经营个人形象照拍摄 + 精修、集体照拍摄 + 精修、海报设计、人物精修 + 滤镜、淘宝主图设计、详情页设计、首页设计及店铺装修等业务。工作室与众多企业密切联系，产教融合、校企结合，从态度、质量、时间观念、必修课成绩、客户满意度等多方面对工作室成员进行培养。工作室意在培养全面发展的实践型卓越人才。截止到目前，工作室的营业额已超过 3 万元。

26.1 视觉工作室的"双师制"模式

"双师制"指的是工作室指导教师团队由学校和企业两个部分组成，这样不仅师资经验丰富，资源涉及面也更广。工作室面向全校本科卓越班、专科特色班进行招生，宗旨是"以学促干、以干践行"。工作室的工作内容是期末考试的必考内容，学生们工作学习两不误。课堂面向的是书本知识，工作室面向的是社会职场，实践是检验真理的唯一标准，工作室的工作可以巩固课堂内容。基于"双师制"的视觉工作室，其核心理念是培养全面发展的实践型卓越人才。

工作室采用"双师制"，即部分教师来自企业并长期从事教育工作，部分教师来自校内。来自企业的教师拥有专业的拍摄技能和娴熟的 Photoshop 软件、Illustrator 软件以及 Premiere Pro 软件操作能力。他们在行政管理、精修美工、摄影、工作室推广、招商引流等方面各有专长,且分工明确。企业教师拥有稳定的资源,与多家企业长期合作,并各自具有网店运营的经验,能够给学生带来更为稳定和更加安全的可利用资源。

26.2 "双师制"的实施背景

工作室为进一步拓展实践课程的理念,让学生融入学习的氛围中,开始实施导师制授课,带领学生更快地了解电子商务行业,并辅导学生进行图片制作、美工设计、装修店铺、产品摄影等。由于学生水平不一样,所以工作室在国际商学院电子商务及国际经济与贸易专业中先挑选了一部分美工基础较好的学生,而后根据学生的上课情况,适当地安排工作,每周给每位同学接一单电商美工工作,如主图、直通车、海报、详情页、首页设计制作等。工作室前期先接一些简单的图,一方面了解学生美工水平,另一方面让学生适应美工工作,再调整工作内容,以便后期工作顺利进行;学生每设计完作品都经指导教师审图,并提出修改意见。学生做的每单设计费用,由指导教师进行统计,每月一次性付给学生,鼓励学生自己多创收。前期工作以锻炼学生为主,后期学生水平提高后,工作室鼓励学生自己创业。工作室通过加强学生之间的交流,相互学习优秀作品,实现了共同进步,进而使得学生的学习与实践相结合,让其得到了更好的发展。

26.3 主要工作过程

视觉工作室内部主要由三部分组成,分别为设计及美工、运营和摄影。各个部分相互独立又融会贯通。工作室工作场地固定、工作时间统一,但又极为自由。面向不同的客户,工作室拥有不同的工作模式。视觉工作室主要面向四类客户,包括各大企业客户、可可电商平台客户、校内客户、招商引流客户。以下详细介绍针对这四类客户的工作过程。

26.3.1 面向各大企业承接设计工作

作为工作室收益的主要来源,承接企业服务是工作室工作的核心部分。企业服务收入是工作室发展的驱动力,因此吸引企业以及招商引流是运营部工作的重点。与此同时，视觉工作室会从线上（包括各大电商平台、社交媒体平台）线下两方面同时入手，让更多企业认识并了解工作室，以获得进一步的合作和认同。

　　现阶段工作室将主要通过线上营销的方式来进行，由专业教师与企业一对一联系，这样便于工作室与企业的沟通且建立良好的企业信任度。线上沟通时间较自由，能够让顾客随时反映意见与想法，沟通方式多，可通过短信、微信、淘宝、邮箱、QQ 等与企业进行协商，以保证企业的需求，使合作顺利进行。

　　另外，工作室会定期通过电子商务平台发布合作招商信息，让需要服务的企业了解我们，吸引其与工作室合作。工作室先与企业客户进行讨论，在获悉企业的合作意向之后，逐步展开和企业的深入交流，全面了解企业需求，并通过引导性的沟通，对企业需求进行模块化分析，明确企业需求，实施服务计划。与企业完成初步交流后，工作室将针对不同企业的不同需求对我们提供的服务进行初步分类。与此同时，团队内部会讨论决定本次项目的主要负责人并制定执行方案。工作室为企业提供的第一种服务为团队全包型服务，主要针对大型企业体积庞大不便于携带的产品，例如：家居、家电、机械。对于这类产品，我们将提供全程一体化服务，与企业约定统一时间，安排摄影团队专业摄影师登门拍摄。拍摄同时，视觉工作室会派设计团队成员全程跟随拍摄，在此过程中了解客户喜爱的风格、产品针对人群以及顾客喜好并为其量身定制后期宣传图片、售卖图片的风格。拍摄完成后，一周内为客户完成产品精修并设计主图 1 套（5 张）、详情页 1 张，根据客户需求 10 天内制作宣传海报、宣传单页（A4/ 三折页）、淘宝首页宣传小视频。此前工作室已帮多家企业完成全包服务，例如，帮恩佐家居企业完成全程拍摄、设计及宣传，现已以成品形式展现在电商淘宝平台。工作室为企业提供的第二种服务为预约上门拍摄服务，主要针对中小型企业，且拍摄产品轻巧、方便携带。工作室通过淘宝、抖音或微信等电商平台与企业交谈后，发现企业更注重拍摄品质。工作室会选择与企业约定时间携带拍摄产品到专业摄影棚进行拍摄。工作室团队提供专业模特进行拍摄，并提供精美卖家秀。拍摄完成后，一周内为客户完成产品精修并制作主图 1 套（5 张）、详情页 1 张，根据客户需求 10 天内制作宣传海报、宣传单页(A4/三折页)、淘宝首页宣传小视频。工作室为企业提供的第三种服务是创意设计型服务。此服务主要针对企业已经拥有产品图片的情况。工作室为其创意设计海报、宣传单页、三折页、主图、详情页。这类企业主要是部分餐饮行业、淘宝商家。

26.3.2　面向可可电商平台

现在,工作室拥有两个可可电商平台账号,平台全天放单,拥有较大且稳定的订单量。此平台乃是一把双刃剑,平台要求会员与平台四六分成,到手金额仅有订单价格的40%,所以这并不是工作室盈利的主要途径;但由于其订单量大、种类多、稳定的特性,该平台是一款非常适合练手的平台,能够让新人在较短时间内提升美工综合素质。

平台常见订单为抠图、换字、调色。此类订单金额普遍低于50元,主要分配给工作室新人,方便其快速熟悉软件。另一类订单为淘宝主图订单、详情页订单、海报设计订单。此类订单分配给工作室有一定工作经验且效率高的同学,薪资报酬往往大于100元。对提供产品进行创意设计(精修产品、海报、主图、详情页)的订单金额往往大于500元,通常由3人以上合作完成。此练手平台工作室所消耗时间不算太多,在操练过程中又能获得收益,可谓两全其美。

工作室每周会由两名新人担任平台客服,负责接单以及人物对接工作。客服接单后(急单)根据所有成员的课表分配安排任务;普通日结单会于晚上6:45至8:45统一时间、统一地点、集中完成。工作室成员作图过程中相互学习,相互讨论,灵感互通。

客服在每笔订单完成后填报财务报表,并在月末将获得的收益上交至总平台。工作室的工资结账,按照月结的形式进行。

26.3.3　面向校内客户

目前,视觉工作室在校内已开展了最美证件照活动、学生会/班级/社团集体照活动、个人写真活动等。工作室会定期在公众号开展推送活动,或在学院宣传栏上张贴海报,由部门负责人联系工作室负责人进行价格洽谈,约定好服务时间,有条不紊地开展工作。

工作室现已完成的工作主要有国际商学院教师证件照精修，学生会新媒体中心、学校纪检部和生活部照片的拍摄＋精修，以及创客空间集体照的拍摄＋精修等。

26.3.4 面向招商引流客户

招商引流同样是视觉工作室盈利的主要来源，主要通过58同城或是个人渠道获得工作。引入人员介绍项目进入工作室，并分配人员完成工作，最终由引入人员完成最后交接并获得大部分报酬。2018年，工作室已在58同城以及淘宝上完成多笔设计订单；2020年，我们与烟台南山学院创业工作室合作，完成多笔创意设计、PPT制作以及照片精修订单。

26.4 视觉工作室的具体做法

首先，校企结合，产教融合。视觉工作室采用的是"双师制"，大部分教师来自山东网商集团，拥有较好的社会资源，并与学校专业教师配合工作。视觉工作室会定期组织成员前往各合作企业参观学习，要求成员参观时向工作人员提问，做好记录，并进行思想汇报总结。视觉工作室还要求工作室成员提前熟悉企业的大致工作流程以及工作制度，为未来打好基础。其次，每月两单，宣传推广，永不间断。视觉工作室要求所有成员每月至少完成两笔订单（订单金额不限），每周由值周同学进行微信公众号、抖音、微博、今日头条等平台文章推送。若连续两次未完成目标将进行清退处理。这是工作室唯一的硬性目标。工作室不宜过分给学生压力，一直以静制动，所有权利交给学生，让学生成为这一切的主宰。这作为我们唯一的目标、每月唯一的压力，会给学生们带来无限动力。视觉工作室基于大家的共同努力奋斗，适时增加营业额，强化集体意识，不断提升个人综合素质，力争培养全面发展的卓越人才。

26.5 条件保障

条件保障包括薪资分配保障、环境保障和资源保障。下面对其加以具体表述。

26.5.1　薪资分配保障

对于视觉工作室而言,一套图可能会经手无数人,从简单的抠图到复杂的设计。因此,工作室制定了严格的薪资分配制度,实行每月按劳分配,多干多得。值得一提的是,工作室实行奖励"资金池"制度,每笔订单的收入均会有 10% 放入奖励"资金池",并会在每学期末匿名选出优秀员工以年终奖的形式予以奖励。工作中,大家你追我赶,有利于促进共同进步。

26.5.2　环境保障

目前,视觉工作室的办公地点设在了知诚楼南楼,拥有 25 个座位并配备有线网络。工作室内拥有空调、电风扇等设备,冬暖夏凉。工作室的工作环境以及工作效率都能得到很好的保障。

26.5.3　资源保障

视觉工作室团队大部分教师来自企业,能源源不断地给工作室对接企业资源,降低了学生自己招商受骗的风险。大部分教师均有网店经营经历,拥有较多稳定的顾客。教师们常常推荐个人顾客享受工作室服务,做到资源共享、互利共赢。

视觉工作室并不是一个独立的存在,而是创意集团旗下的工作室。工作环境中拥有专业摄影工作室、专业运营工作室等等,工作过程中能够随时询问他人,寻求帮助,并且能够随时参观其他工作室的工作情况,取长补短,受益无穷。

26.6　实施成效和工作感触

到目前为止,视觉工作室已为多家企业、淘宝店铺、校园内部、社会人士完成各类型设计服务。鉴于摄影以及美工的技术要求以及工作单一性,工作室盈利特别高,同时人员流动也最大。所以,工作室不排除今天你在这里明天就跳槽去了别处。既然每一个人能有机会在这里交流,那就说明是对 Adobe Photoshop 共同的爱让大家走到了一起。工作室工作的第一目标是让爱这份工作的人拥有展示自己的一方天地,并在这里不断成长,提高操作能力。

纸上得来终觉浅，绝知此事要躬行。工作室全体成员均来自国际商学院和珠山学院（未来加入国际商学院），摄影和美工设计均为人才培养计划中的必修课程。实践是检验真理的唯一标准，工作室提供场所的目的是为增强学生的实践能力，学以致用，白天课堂上所学知识能与工作室的工作合而为一。教师们的工作目标便是通过工作室来促进学业。

客户口中的好，才是真的好。对于拍摄和美工服务行业而言，何为美往往没有人能给出标准的答案。100 个人对于美就有 100 种标准。但对于工作室来说，客户就是上帝，不能把自己心中的衡量标准强加到客户身上。工作室能培养大家的耐心、专注力，一切以客户为重，争取做到与客户长期合作，好评不断。

视觉工作室在过去的一年中有无数的人来过，也有许多人离开，但是阵容越来越庞大。这是工作室所有成员深感欣慰的地方，因为它已不仅仅是一个工作室，更是一个能够让大家共同成长的大家庭。或许有的人会认为，美工工作多不挣钱；或许有的人会认为，美工是简单的工作；甚至曾经有客户质疑工作室的教师并不是美术专业出身。但是，经过几年的拼搏，视觉工作室获得了很好的发展。不能否认，更好地让工作室盈利是必须要考虑的问题，但除此之外，其间的每一次经历也都是宝贵的财富，比如：学习了解了企业的工作模式，学会面对要求苛刻的客户依然做到笑脸相迎，还有靠自己双手挣到第一桶金的喜悦之情……

相信通过"双师制"以学促干的统领带动作用，视觉工作室将会获得更加强劲的发展动力并得到更好的发展，为提升学生的创新能力尽到绵薄之力。

第27章

学生自创工作室：生活缤纷，领跑带风，创响未来 >>>

国际商学院 2017 级市场营销本科 2 班的修文森，是一名来自山东省烟台市的男生。2018 年他成立了自己的工作室，2019 年初创办了自己的首家公司——青岛刚刚好电子商务科技有限公司。公司主要经营电子商务、进口日化的批发零售、小程序的开发等。在学校创新创业教育学院教师们的指导和帮扶下，修文森的工作室和公司运营没有了后顾之忧。创新创业教育学院邀请知名企业家到校授课，帮助他解决了公司税务及其他创业中遇到的问题。大学的美好时光，不仅使他感受到了学习理论知识的乐趣，更让他的创业梦想一步步实现。

27.1 "遇见更好的自己"

作为班长，修文森得到了班级同学们的认可，与大家一起努力获得了"优秀班集体"荣誉。在校期间，他积极参加各项有益的集体活动，比如拍摄《青春喜迎十九大》的宣传片，与同学们一道参加各类创新创业大赛，不仅在协作中获得了新知，也在比赛中提高了技能。

在大学二年级上学期，修文森成功竞选了市场营销协会会长一职，辅助专业教师开展各项活动比赛，为搭建市场营销工作室贡献自己的力量。任职期间，他获得了青岛市"优秀社团干部"称号，协会获得了"优秀社团"的称号。

"纸上得来终觉浅，绝知此事要躬行。"在校期间，修文森以自身实际行动来带动身边的同学一起参加各项创新创业比赛，先后获得过青岛市大学生市场营销挑战赛的冠军、全国社科大赛二等奖等。

27.2　自创公司及主营项目

2019 年，修文森创办了自己的第一家公司，并和七位志同道合的好友一起努力，兵分两路开展工作。一路从事进口日化项目和红酒的批发零售业务，另一路则负责小程序的开发维护和共享零食的项目。

公司的主营项目是共享零食。修文森在大二的时候就开始正式创业，建立了自己的工作室，并取了个"另类"的名字叫作"零食盒伙人"。处在共享经济的时代，受共享单车的启发，他们决定开设校园共享零食的业务。修文森回忆说："当初产生这个想法也特别有意思，晚上十二点多刚刚做完班级的 Excel 表格后感到特别饿，就非常想吃点零食之类的东西。舍友当时也都没睡，都说每天晚上这个点就会感到饿。我自己在床上翻过来覆过去地也没睡着，一直在想怎么能解决这个深夜会饿的问题。突然灵光一闪，要是有人提前把一箱零食送到宿舍，以备不时之需该有多好啊！这样既能服务同学，又能从根本上解决问题。共享零食的想法就是这么来的！"修文森始终相信"接受存在的，做好自己的"即是正理。既然存在着同学们晚上会饿的问题，那么这个项目就是合理的。于是说干就干，他拉着身边志同道合的朋友开始了一场关于校园共享零食的头脑风暴，还收集了各方面的建议。

此项目的操作流程如下：本校同学可以通过所建的微信群、QQ 群等扫码订购箱子，然后选择自己喜欢吃的零食，负责配送的同学便会将零食打包好放进定制的箱子中交到订购箱子的同学那里。每个箱子上会有一个对应的二维码，同学们想吃零食的时候扫码付款即可。当零食被吃没的时候，同学们也是通过扫码来申请补货。

这个小程序操作简单，服务到位。共享零食盒子也是新零售的一种表现，打破了以往校园超市的常规操作。首先，全程线上操作节约了大量的人力物力以及场地租赁费用，对于启动资金不多的大学生来说实操性很高；其次，普通超市是先付款后拿货品，而这个项目是先将客户的意向零食送到其身边，等到需要的时候再扫码消费，这个过程会起到刺激消费的作用。当消费者可吃可不吃的时候,看到身边摆着的零食,顺手就会进行消费。

27.3 自主创业的历程

修文森在自主创业的过程中,积累了不少心得体会。这些都丰富了他的创业经历,使其创业的历程变得更加充实。

27.3.1 团队建设

修文森逐渐地认识到,一个团队建设的好坏往往决定着一个项目的生死,一个良好的团队一定是一群才能互补、责任共担且愿意为共同的创业目标而奋斗的人所组成的。在他刚刚开始做共享零食的时候,身边只有两位好友鼎力相助。一位认真仔细,修文森便让他负责财务;另一个有着很强的执行力,修文森就让他负责货物的配送;修文森自己则负责货物的采购。他们三人有一个共同的目标,就是希望能够在大学里留下一些有价值的东西。他们不希望将来回忆起这美好的大学生活时只有那些网络游戏,他们要创造出自己的价值。为了这个共同的目标,大家一直很努力地工作,因为有目标所以不管干什么都很有热情。慢慢地,生意越做越大,三个人便忙得不可开交了!于是,公司开始了第一次招聘。其实,创业这条道路很孤独,创业者也时常会感到孤独。而修文森需要做的,就是把这一颗颗"孤独而闪亮的星星"聚集在一起"共谋大业"。

27.3.2 修文森组建团队的内心感悟

首先要有领导力。因为有能力的人大多都会有一些自己的想法,要想将他们为自己所用就一定得做到思想上的"征服",以德服人的同时也要有"真金白银",让别人信服自己画的饼,即便是在遇到困难时也能坚定不移地跟着自己。

其次是管理能力。要想让自己的团队仅仅利用课余时间做到高效率,领导者的管理能力是必不可少的。不仅要明确责任,避免出现问题找不到负责人,更要赏罚分明。最为重要的一点就是,自己团队的成员大多也都会成为自己的好朋友,如何处理好"同事"与"朋友"之间的身份转换是一件很考验情商的事情。

再次是自我迭代、快速学习。在创业的过程中，慢慢地就会发现自己需要学的东西太多了！公司运营的各个方面，行业的种种门道，每一个细节都要了然于心。这个世界是与时俱进的，要懂得世界如何变化，要懂得最新的商业模式、服务和产品是怎样的。

27.3.3　创业过程中的经验和教训

刚刚开始做共享零食的时候，修文森都是利用课余时间挨个市场找零食货源。当他跟店家表明自己是大学生创业的时候，大部分商家还是愿意给其一个低价的，尽管可能拿货不多。不可否认，社会上存在着一些"险恶"。在一次订购火腿肠的时候，有个无良商家特意给他掺杂了一箱过期的火腿肠。因为刚刚开始做这个生意，订货的时候特别粗心，就是觉得自己是大学生，无论如何都会得到大家照顾而不会遭到刻意的坑害。所以，订货时也不知道看看生产日期、保质期就搬走了，还好后来及时发现过了保质期，随即联系卖家才避免了损失。

冬天，坚果类食品的销售会比较好，但是利润空间太小。于是，修文森就决定自己去批发坚果，然后分成小包装进行销售。等到找到了扒山批发市场，货比三家之后，结果还是被骗了！因为坚果这个行业"水太深"了，分特级、优级、一级、二级、一等、二等、三等好几个档次，而且有的坚果看着好看吃起来却口感极差。有的商家看他不懂，就拿一些不错的二等果当二级甚至一级果出售……所以，尝试一个新的领域是有着很大的风险的，在做之前一定要先做好准备。另外，不管干什么都要仔细一些。

27.3.4　自我创业的认知

其一，保持尝试，保持试错。可以多跟一些学校的创业团队交流，感受他们是如何运转的，踩了什么坑，优势是什么，他们的市场如何，不断观察、思考，同时磨炼自己的实战能力。当然也可以自己干，但建议保存实力不要孤注一掷，因为这个阶段还处在不一定就能成功的时候。当然，尝试也要有度，要是荒废了学业去创业的话，则是极其错误的行为。

其二，多社交，构建自己的社群。找创业者圈子，创业者是孤独的，领导者就是一定要把这群孤独的人找出来。只要把想搞出名堂的人们聚在一起，持之以恒,一定会有所突破的。要虚心学习那些身上有闪光点的人的经验。创业者最宝贵的精神莫过于要有开放包容的眼界和胸怀,能够做到博采众长。再就是多认识年长的有智慧的人,多听、多问,一场交谈下来自己肯定会有很大的收获。最重要的是逐步整合这些人脉,打造自己的小社群,这个对长期发展会有特别大的价值。

其三,学会智力投资,全身心投入。在创业实践中,务必要把所有的时间投出去,不仅要善于帮助别人,也要学会学习并将所学灵活应用,做到心无二用、全力以赴。

27.4 创新创业实践心得

因为共享零食做得比较好,引起了学校某超市经理的注意。修文森经过反复斟酌,觉得应该寻求新的合作模式。因为校内的超市如果能比去校外更方便,那么一定可以竞争过所有的超市。倘若校内超市提供货源,自己提供给学生更好的服务,将会实现共赢。于是,修文森就开始寻找与校内超市合作的机会,终于在 2019 年春季开始了与超市的合作,现已创造了每月 10 万元左右的业绩,校内超市的营业额增加了 18%,2020 年,修文森开启了与学校西校区一些超市的合作。

修文森根据自己在学校做共享零食的思路,专门为社区超市做了一套配送服务小程序。据修文森透露,他在去找商家的时候转遍了学校方圆 10 千米内的小区超市。商家一开始都以为他是个骗子,态度各异,而他自己也曾有过要放弃的念头。但是当想到自己母亲跟他讲的一句话"世界上没有救世主,什么都要靠自己才可以!"时,修文森便来了精神。回头一想,自己才被拒绝过几次就要放弃!于是,他每天一有时间就坐着公交车出去洽谈商家。功夫不负有心人,终于在青岛理工大学附近的梧桐苑小区,有一家大型超市对他的小程序特别感兴趣。因为美团之类的外卖平台都会抽取一定的提成,商家基本没有太大的利润空间,所以他们正想做一个类似的小程序,面向周边的几个小区提供服务即可。签合同的过程就很简单了,那个超市的老板听说他还是个大学生,便特别照顾而且传授了一些谈判技巧和阶梯性收费的知识。疫情期间,修文森的小程序可以说是帮了他们的大忙,营业额简直碾压了附近的其他超市，甚至其他的小区也都去他们那边订货。实践证明，此举可以说是"互相成全"。修文森帮他们提高营业额，提供给客户更优质的服务，而他们也愿意相信修文森并提供了一个展示的平台，这就是"刚刚好"。

进口日化项目也步入正轨，销售额逐渐提高，获得了顾客的认可，修文森从最开始的零售商慢慢转变成小型批发商。同时，修文森也带动了身边的一些同学一起为实现梦想而努力，并给予了他们锻炼的机会。对于每一位为其做事的同学，修文森都会跟他们签一份合同，万事说明白，避免日后产生不必要的麻烦。修文森说，他特别喜欢刘德华的一句话，就是"赚到的就要给人，学会的就要教人"。与大家一起分享自己的创业经验和成果，是一件快乐的事情。他也会尽力把利润空间让给心中有梦的同学。这些同学能有创业的心而迈出他们勇敢的第一步，就是值得肯定的。

积极参加一些讨论会，在疫情期间积极参加创客中心推荐的讲座，是高效学习的明智选择。学校创新创业教育学院的领导和教师们所提供的平台，是创客们大展身手的新天地。坚守创业梦想，不断创新前行，在缤纷的生活中放飞自我，不断奔跑，定会"长风破浪会有时，直挂云帆济沧海"！

参考文献

[1] （英）贝蒂塔·范·斯塔姆，著．伦敦商学院企业创新教程［M］．陈伟，刘寅龙，译．北京：中国财政经济出版社，2007.

[2] 蔡文芳．知行合一的跨境电商课程思政教学探索——以"跨境网店运营"课程为例［J］．南昌师范学院学报，2020，41（1）：71-75.

[3] 高志军，陶玉凤．基于项目的学习（PBL）模式在教学中的应用［J］．电化教育研究，2009（12）：92-95.

[4] 李子霄．赋能初创团队［M］．北京：金城出版社，2020.

[5] 刘春成．创新创业教育提质应用型人才培养［N］．中国教育报，2019-09-16（5）.

[6] 刘春丽．旅游管理专业梯进式双语教学模式构建与实践［J］．中国成人教育，2011（12）：147-148.

[7] 刘新颜．基于问卷调查的双语教学模式研究——以陕西师范大学旅游管理专业为例［J］．教育现代化，2017，4（34）：75-77.

[8] 刘志敏．产教融合实训基地优秀案例集一［M］．北京：中国财政经济出版社，2020.

[9] 吕薇，马名杰，熊鸿儒．全球化背景下的开放创新体系建设［M］．北京：中国发展出版社，2017.

[10] 孟昭莉，韩元佳，杨才勇，许晨．绚丽变革：互联网改变中国［M］．北京：人民邮电出版社，2019.

[11] 孙从众．课程思政背景下高职院校金课建设研究——以"跨境电商实务"为例 [J]．湖北广播电视大学学报，2020，40（4）：22-28.

[12] 孙中胜．圆你创新人才梦 [M]．北京：清华大学出版社，2019.

[13] 王千马．玩美：红星美凯龙 30 年独家商业智慧 [M]．杭州：浙江大学出版社，2017.

[14] 汪晓君，杨奕．课程思政融合在"跨境电商基础"课程中的探索 [J]．商业经济，2019（11）：133-134.

[15] 姚建明．战略管理：新思维、新架构、新方法 [M]．北京：清华大学出版社，2019.

[16] 尹昕．跨境电商专业教学与课程思政元素融合路径研究 [J]．人才培养，2020（3）：78-79.

[17] 于振邦，梁忠环，敬钊君．基于院园合一的"双创"实践与"训育"融合增效航道研究 [J]．明日风尚，2017（14）：222，199.

[18] 张永彬，李宜伟，于振邦．新时代高校"双创"教育体系构建及特色化运行机制探究 [J]．明日风尚，2018（9）：232.

[19] 郑晴云．旅游管理专业课程双语教学的实践与体会 [J]．湖南商学院学报，2007（1）：118-120.

后 记

Postscript

青岛黄海学院创新创业教育模式探索和实践研究组立足本校实际,坚持专创融合、产教融合,将创新创业教育融入专业人才培养的全过程,并以此为抓手,基于创客工作室实践载体着力探索新时代创新创业教育的有效模式,旨在更好地提升自身基于"四文化"融合育人的实践成效,也在施行模式和实践方法上为应用型高校更好地培育具有良好专业品质和综合素养的创新创业人才提供一定的建议。

在本研究组负责人谭春波老师的带领下,本书由于振邦老师完成组稿并负责整体的架构完善、内容校对以及相关章节撰写工作。在成稿的过程中,梁忠环、刘景芳、郭瑞姝、张春梅、刘培学、刘艺敏、吴霞、薛峰会、徐培富、徐海霞、齐鸣、杨钢、杨婷、孙麒等领导和老师们在核心版块内容、整体规划设计与典型案例呈现等方面,给予了悉心指导和大力支持。

本书内容共三篇。上篇为"'院园合一'机制下的创新创业教育模式探索",共4章,是创新创业教育由宏观层面到微观视角的施行战略与实践路径。其中,第1、2、4章由于振邦老师撰写,第3章由以暴海忠老师为首的创新创业教研室的骨干教师们共同完成。中篇为"基于创客工作室载体的创新创业教育实践研究",是老师们在教学实践及研究过程中的理论升华与实践反思,共13章,处处可见老师们的实践性认知。其中,第5章"基于工作室的创业基础体验式教学改革思路探索和案例剖析"由袁芳老师撰写,第6章"'院园合一'的创新创业教育实践与英汉双语训育融合增效通道研究"由于振邦老师完成,第7章"'专就融合'的'六二四'就业指导体系构建及落地机制探索"由史永凤老师完成，第8章"'院园合一'机制下高校'聚合新媒体、发展大电商'的创新创业思考"由徐哲老师完成，第9章"工作室视域下第二课堂创新发展模式研究"由李宜伟老师完成，第10章"'院园合一'机制下基于工作室的'上领内协外合'创新创业管理服务体系构建"由赵磊老师完成，第11章"工作室载体下以能力为导向的高校服务外包人才培养创新模式研究"由李燕老师完成，第12章"'院园合一'机制下'黄海e代人'创客空间运行模式探索"由敬钏君老师完成，第13章"优质、高效、进阶——'创业基础'优质课程建设概述"由暴海忠老师完成，第14章"跨境电商工作室实践教学与课程思政融合研究"由齐伟伟老师完成，第15章"应用型高校基于工作室的'互联网＋'大学生创新创业大赛提升路径"由俞志强老师完成。研究组也广泛吸纳了部分致力于"双创"实践教育的老师们的建议，并将其研究成果融入著作内容之中，如第16章"'双导'思维下基于工作室的创新创业教育混合式自主课堂模式实践研究"，内容来自国际商学院的韩春磊老师；第17章"工作室载体下以提高学生职业能力为导向的双语教学模式构建探索"，由常成老师撰写完成。下篇为"以创客工作室为载体的创新创业教育典型案例"，主要展示了师生同创、企生共创和学生自创的创客工作室实践载体相关成效。

本书是集体智慧的结晶。在行思践悟之中，师生皆有所得。希望本书能发挥出更为广泛的示范引领作用，进一步夯实"院园合一"校企协同育人机制，也为构建成熟的创客工作室制创新创业人才培养模式带来更多启发。

最后，再次感谢为本书付梓而出谋划策和洒下汗水的所有领导、老师、学生和各界人士！因作者水平有限，书中不妥之处在所难免，诚望读者批评指正！

青岛黄海学院创新创业教育模式探索和实践研究组

山东青岛

2021年1月16日